汽车职业技能码上学丛书

陈甲仕 主编

汽车基础养护码上学

机械工业出版社
CHINA MACHINE PRESS

本书根据新形势下汽车养护特点，以“图解 + 视频”的形式进行讲解，由浅入深，突出操作技能，内容新颖、贴近实际汽车养护，有别于目前国内出版的同类教材和图书。全书内容覆盖日常养护过程中必会的知识与技能。

本书选取了大量的图和视频相结合，简单实用，易学易懂，可供从事或准备从事汽车养护的广大读者学习使用，也可作为相关汽车院校师生操作培训的辅导用书。

图书在版编目（CIP）数据

汽车基础养护码上学/陈甲仕主编.—北京：机械工业出版社，2018.11

（汽车职业技能码上学丛书）

ISBN 978-7-111-61163-9

Ⅰ.①汽…　Ⅱ.①陈…　Ⅲ.①汽车－车辆保养　Ⅳ.①U472

中国版本图书馆 CIP 数据核字（2018）第 238559 号

机械工业出版社（北京市百万庄大街 22 号　邮政编码 100037）
策划编辑：杜凡如　责任编辑：杜凡如　徐　霆
责任校对：黄兴伟　封面设计：王九岭
责任印制：孙　炜
北京利丰雅高长城印刷有限公司印刷
2019 年 1 月第 1 版第 1 次印刷
184mm×260mm · 8 印张 · 161 千字
0001—3000 册
标准书号：ISBN 978-7-111-61163-9
定价：49.00 元

凡购本书，如有缺页、倒页、脱页，由本社发行部调换

电话服务	网络服务
服务咨询热线：010-88361066	机 工 官 网：www.cmpbook.com
读者购书热线：010-68326294	机 工 官 博：weibo.com/cmp1952
010-88379203	金 书 网：www.golden-book.com
封面无防伪标均为盗版	教育服务网：www.cmpedu.com

前言

随着汽车技术成熟，汽车的故障率越来越低，一般按照保养要求进行保养，汽车不会出现大故障，甚至可以实现十万公里无大修的可能。因此，平常均是小修和日常养护为主。为了使广大从事汽车养护的人员更快地进入汽车养护的角色，提高从业技能和实践水平，我们特意编写《汽车基础养护码上学》来满足大家的学习需求。

本书采用“图解 + 视频”的独特方式进行讲解，并且融合了汽车养护过程中的精髓，让读者学得轻松、学得愉快，即学即上岗，是一本经典的养护书籍。全书分为 4 章、共 39 个项目进行阐述，主要覆盖日常汽车养护常见的必会项目。

本书选取了大量的图和视频相结合，易学实用、通俗易懂，能够学以致用，可供从事或准备从事汽车养护的广大读者学习使用，也可作为汽车院校师生实训指导用书。

本书由陈甲仕主编，参加编写的人员还有陈科杰、陈柳、黄容。在本书编写过程中，得到了许多汽车维修企业以及广大技师朋友的大力支持和协助，在此表示诚挚的感谢！

由于编者水平有限，书中难免有不足之处，恳请广大读者批评指正，以便再版时补充完善。

编　者

目　录

第1章　汽车发动机养护

1. 更换发动机机油及机油滤芯

在汽车的正常使用过程中，发动机机油及机油滤芯（或机油滤清器）一般每5000km就要更换一次，但宝马等品牌的轿车则规定10000km才进行更换，所以具体需要参阅车主保养手册的规定。

稳固支撑车辆

（1）车辆驶入工位，将举升机的举升块放置在车辆前支撑点与后支撑点之下，然后将举升机升高几厘米，轻轻摇动车辆，确认其支撑稳固。再将举升机完全升起，并检查车辆举升点，保证其与举升块之间接触稳固。

稳固支撑车辆

（2）打开发动机舱盖并支撑好，然后覆盖翼子板罩布、前格栅罩布。

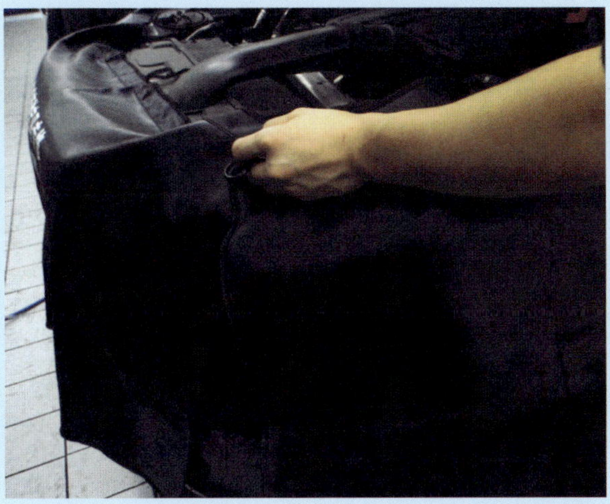

覆盖翼子板罩布

拆卸机油滤清器

（3）用机油滤清器专用套筒、棘轮扳手旋松机油滤清器，然后用手旋下机油滤清器并放入废件回收桶中，并清洁机油滤清器座。

拆卸机油滤清器

举升车辆

（4）打开发动机机油盖，然后将车辆举升到目标高度（依据维修工人的身高来确定车辆举升的高度），并可靠停稳。

举升车辆

拧松放油螺栓

（5）将发动机机油回收桶置于发动机油底壳放油螺栓的正下方，然后用套筒、棘轮扳手拧松放油螺栓。

拧松放油螺栓

（6）用手缓缓旋出放油螺栓，当感觉到仅剩 1 ~2 道螺纹时，继续旋出时要稍用力向上推放油螺栓，确定螺纹已全部旋出后，快速移开放油螺栓，让发动机机油流入回收桶内。

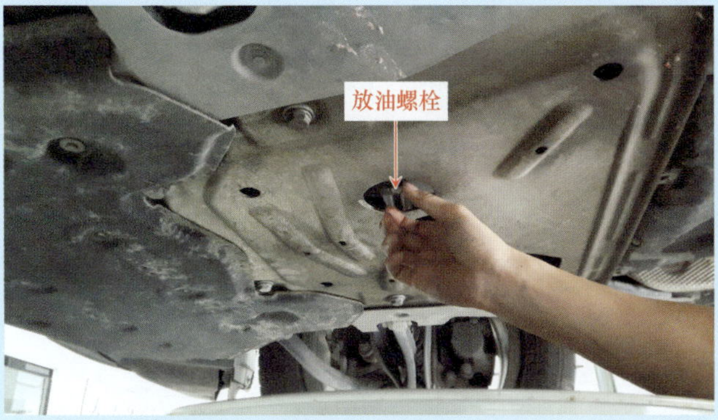

快速移开放油螺栓

发动机机油流入回收桶内

排放机油

（7）检查放油螺栓垫片是否损坏，如有断裂要更换新垫片。使用抹布擦净放油螺栓上吸附的金属屑。当油底壳的放油孔不再滴油时，用手旋入放油螺栓，然后用套筒、扭力扳手将放油螺栓拧紧至规定力矩。

安装放油螺栓

（8）用抹布擦净放油螺栓和油底壳上的油迹，必要时用清洁剂清洗干净。

用抹布擦净放油螺栓及周边的油迹

将车辆平稳降落到地面

（9）将车辆平稳降落到地面上，但举升机的支撑臂和车辆的支撑点要接触。

将车辆平稳降落到地面

安装机油滤清器

（10）装上新的机油滤芯，然后将机油滤清器旋入其座上并用力拧紧。使用机油滤清器专用套筒、扭力扳手转动机油滤清器将其拧紧。

安装机油滤清器

（11）在机油口放置一个干净的漏斗，目的是防止添加发动机机油时机油滴在发动机上弄脏发动机。

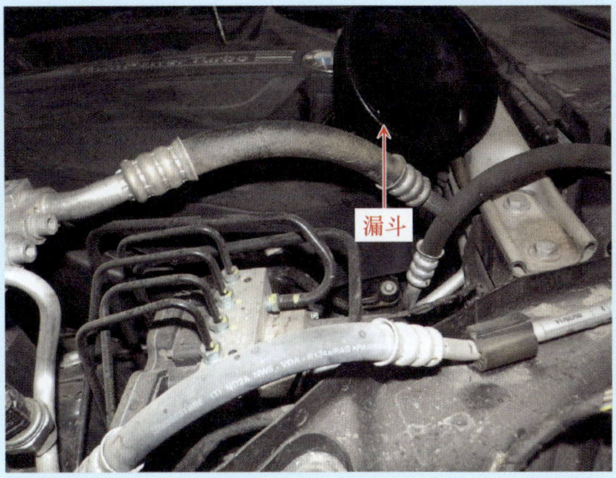

在机油口放置一个漏斗

（12）旋下发动机机油桶盖，然后一只手平稳握住桶身，对正漏斗稍稍倾斜机油桶，将机油缓缓倒入发动机内。

加注发动机机油

加注发动机机油

（13）当加注量接近规定容量时，停止加注，旋紧发动机机油盖。起动发动机，然后再次举升车辆检查放油螺栓处是否漏油。如有泄漏，应进行维修；如果没有泄漏，则将车辆降下。

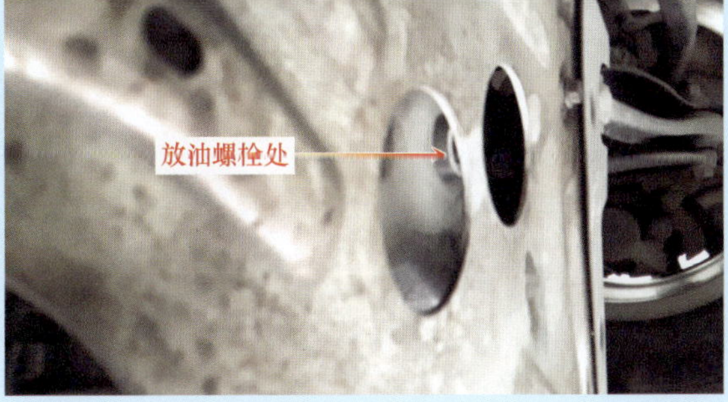

检查放油螺栓处有无漏油

检查放油螺栓处有无漏油

保养灯归零并
检查机油量

（14）按照规定进行保养灯归零，然后通过组合仪表检查机油量，确保机油量合适。如机油量不足，应进行补充。

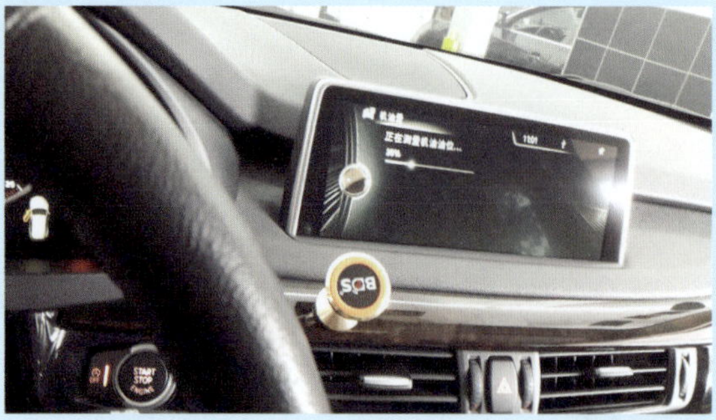

检查机油量

相关知识

1. 发动机机油的作用

发动机机油的主要作用是润滑曲轴、连杆等摩擦部位。除此之外，发动机机油还具有冷却、密封、清洗、防锈和抗氧化作用。

（1）冷却。发动机机油能辅助冷却系统带走活塞所产生的热量，调节发动机温度。

（2）密封。发动机机油能在发动机的活塞和气缸之间形成密封层，它可以有效阻止气缸窜气，保证发动机有效功率的输出，提高汽车动力。

（3）清洗。发动机机油能清洗发动机并去除机油滤清器里残留的杂质，保护金属表面免受燃烧过程中形成的酸腐蚀。同时，发动机机油还能带走燃烧残留物积炭、机油的燃烧产物或氧化产物（低温油泥），并迅速沉降到油底壳底部。

（4）防锈。发动机机油有防止发动机内部零件发生锈蚀的作用。

（5）抗氧化。发动机机油能全面保护发动机的所有零部件。发动机所产生的高温会促使发动机机油加速氧化，因此，发动机机油必须具有良好的抗氧化性，以保证发动机机油能在

发动机机油

一定的使用周期内保持正常的黏度，保护发动机的所有部件工作正常。

2. 机油滤芯

发动机工作过程中，金属磨屑、尘土、高温下被氧化的积炭和胶状沉淀物、水等不断混入发动机机油。机油滤芯的作用就是过滤掉这些机械杂质和胶质，保持发动机机油的清洁，延长发动机机油使用时间。

机油滤芯

3. 带机油尺的发动机机油量检查方法

（1）将汽车停在平坦处，拉紧驻车制动器。

（2）起动发动机并暖机，直到发动机温度到达正常的工作温度。

（3）关闭发动机，使发动机熄火。

（4）打开发动机舱盖，寻找发动机舱盖内支撑杆并支撑稳妥发动机舱盖，一些高档汽车的发动机舱盖有自动支撑功能。

（5）等待至少 5min，使发动机机油回流至油底壳。

（6）抽出机油尺。

抽出机油尺

(7) 用干净的布擦干净机油尺上的机油，接着重新插入机油尺直到插到底为止，然后取出机油尺并保持水平，查看发动机机油的油位。发动机机油的油位应当在高位（Max）和低位（Min）之间的网状区域内。

检查发动机机油油位

(8) 如果发动机机油油位正常，则重新插好机油尺即可。

检查发动机机油油位

重新插好机油尺

(9) 如果机油油位低于低位标记，应补充加注发动机机油。补充加注发动机机油时应选择与发动机所使用同型号的机油，然后缓慢地倒入发动机内，直到油位达到高位标记，最后重复检查机油油位。

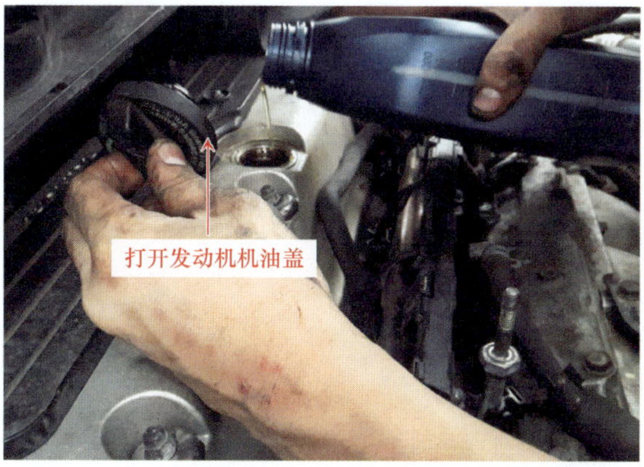

补充加注发动机机油

补充加注
发动机机油

2. 更换发动机火花塞

（1）使用工具将点火线圈的插接器锁扣松开，然后拔下点火线圈的插接器，最后拆下点火线圈。

拆卸点火线圈

（2）用火花塞专用套筒拧松火花塞，然后小心地取出火花塞。

拆卸火花塞

（3）选择原厂推荐的火花塞，然后将其放在火花塞专用套筒内，最后将火花塞放入火花塞孔内。注意不要损坏火花塞的电极。

装入新的火花塞

（4）将火花塞按照规定力矩拧紧，然后按照相反的顺序安装好点火线圈即可。

拧紧火花塞

安装火花塞

相关知识

（1）更换火花塞时，应将新、旧火花塞外部螺纹的长度进行比较。若新火花塞螺纹过短，火花塞间隙位于气缸盖凹陷处，电弧将难以点燃可燃混合气，出现起动困难；若螺纹过长，火花塞末端可能碰撞到活塞顶部。

（2）拆下火花塞时必须注意检查火花塞是否带有密封圈，如果旧火花塞有，则新更换的火花塞也应安装密封圈。

（3）检查火花塞内部瓷芯，其长度必须保持一致，因为瓷芯长的为热型火花塞，瓷芯短的为冷型火花塞。

（4）对于铂金火花塞，它的绝缘体部分有4～5道蓝色环，不能自行调整火花塞间隙，一般每行驶10万km后必须更换。

新、旧火花塞对比

3. 更换点火线圈

（1）使用快速扳手拆卸点火线圈紧固螺栓。

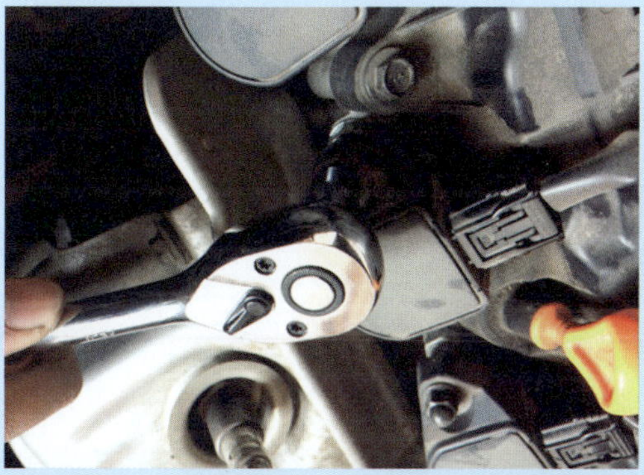

拆卸点火线圈紧固螺栓

（2）拔下点火线圈插头，然后取出点火线圈。

取出点火线圈

安装点火线圈

（3）选择原厂规定的点火线圈，然后小心地放入点火线圈孔内，拧紧点火线圈紧固螺栓并插上点火线圈插头即可。

安装新的点火线圈

相关知识

（1）检查点火线圈绝缘胶是否破裂，是否有烧蚀的现象等，如果有异常则应更换点火线圈。

（2）检查点火线圈的好坏，最简单的方法就是将故障气缸的点火线圈更换为正常气缸的点火线圈，然后重新进行火花试验。如果此时火花正常，说明原点火线圈出现故障而导致火花不正常，则应更换该缸点火线圈。

检查点火线圈绝缘胶

4. 更换发动机空气滤清器

（1）拆卸空气滤清器壳体盖的紧固螺钉或卡扣。

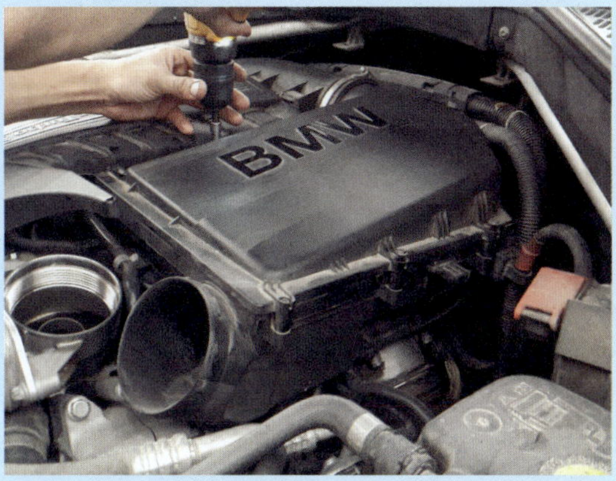

拆卸空气滤清器壳体盖的紧固螺钉

（2）打开空气滤清器壳体盖。

打开空气滤清器壳体盖

（3）从空气滤清器壳体内取出旧空气滤清器。

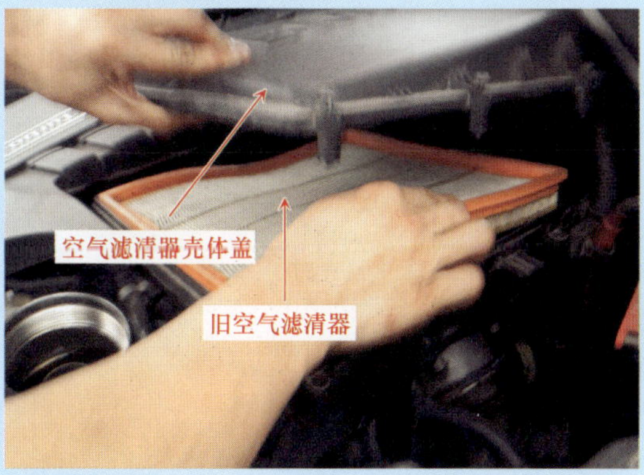

取出旧空气滤清器

(4) 擦拭干净空气滤清器壳体内部的灰尘，然后装入新的空气滤清器。

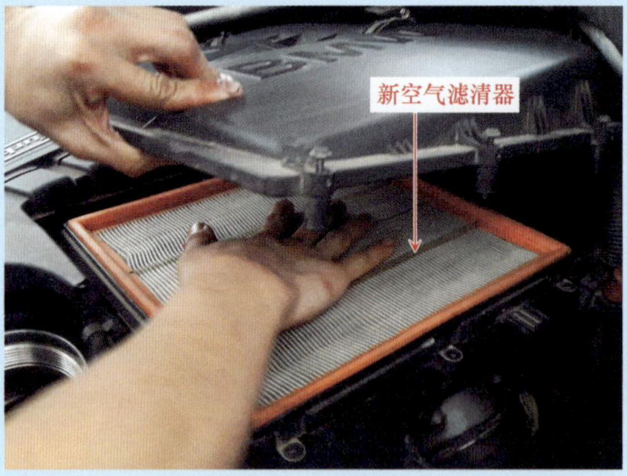

装入新的空气滤清器

安装空气滤清器

(5) 盖上空气滤清器壳体盖。

盖上空气滤清器壳体盖

(6) 用手压住空气滤清器壳体盖，然后将空气滤清器壳体盖的紧固螺钉拧紧或卡扣扣紧即可。

拧紧空气滤清器壳体盖紧固螺钉

拧紧空气滤清器壳体盖紧固螺钉

相关知识

（1）空气滤清器主要用于清除空气中的微粒杂质，以减少气缸、活塞、活塞环、气门及气门座的早期磨损。空气滤清器位于发动机进气系统中。

（2）一般每 2 万 ~4 万 km 更换一次空气滤清器；每 5000km 检查一次空气滤清器，如果空气滤清器过脏，则应按照进气的反方向用风枪将空气滤清器内的大部分尘土颗粒吹干净。

检查空气滤清器

5. 清洗节气门体

当发动机出现怠速不稳等情况后，就应当考虑进行清洗节气门体。通常情况下，4S 店会建议车主 2 万 km 左右进行清洗，当然不同车型情况不同，有些车因使用环境较差节气门容易脏，严重时 5000km 就需要清洗一次。

（1）从发动机上拆下节气门体，操作时最好佩戴手套，避免弄伤手。此外，拆卸节气门体之前，确保发动机处于冷态，避免操作时烫伤手。

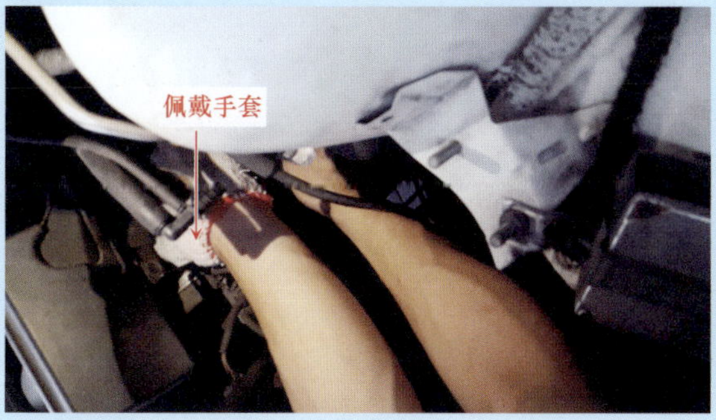

拆卸节气门体

拆卸节气门体

刷洗节气门

（2）在节气门上喷上化油器清洗剂，然后进行小心刷洗，直到节气门的积炭及脏污去除为止。条件允许的情况下，建议使用刷子进行刷洗，这样清洗更加彻底干净。

刷洗节气门

擦拭干净节气门

（3）再次使用抹布将节气门擦拭干净。

擦拭干净节气门

安装节气门体

（4）按照相反的顺序安装上节气门体，如有必要应使用检测仪对节气门体进行匹配。

安装节气门体

相关知识

节气门是汽车发动机的"咽喉"，位置在空气滤清器和进气歧管中间，它是用来控制空气进入发动机的一道可控阀门，踩下加速踏板的位置直接关系到节气门的开度，因此怠速、动力等表现与节气门密切相关。

节气门体

6. 燃油系统免拆清洗

（1）选择高效燃油系统免拆清洗剂，然后将它倒入吊瓶免拆清洗仪中，将吊瓶免拆清洗仪的燃油管连接至燃油系统的进油管上。

注意：拆卸燃油管路之前必须进行泄压操作。

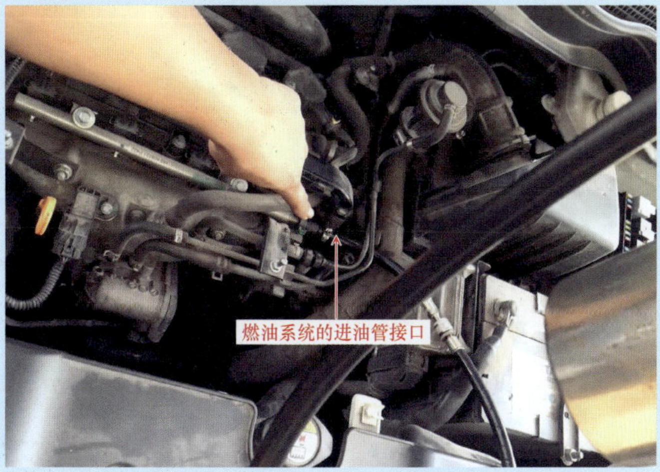

连接至燃油系统的进油管上
将吊瓶免拆清洗仪的燃油管

（2）将吊瓶免拆清洗仪接上压缩空气管路并调整好空气压力，打开吊瓶免拆清洗仪阀门。拔下燃油泵熔丝，起动发动机，将转速保持在 1500r/min 左右，对燃油系统进行免拆清洗。当吊瓶免拆清洗仪中的高效燃油系统免拆清洗剂耗尽后发动机自动熄火。断开气源，卸掉吊瓶免拆清洗仪燃油管，装回发动机进油管，装回燃油泵熔丝，最后起动发动机确保燃油管接头无泄漏即可。

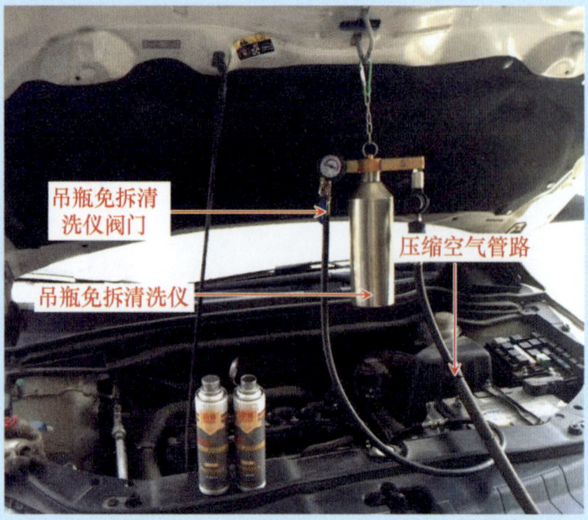

燃油系统免拆清洗

相关知识

1. 燃油系统免拆卸清洗注意事项

燃油系统免拆卸清洗就是在不拆卸喷油器、燃油分配管的前提下，清除燃油系统中的胶质和积炭等污垢，从而恢复燃油系统功能，避免因人为拆卸而损坏喷油器及各接头密封圈。燃油系统免拆卸清洗的注意事项如下：

（1）发动机燃油系统免拆卸清洗必须选择正规厂家生产的燃油系统清洗剂，否则将达不到清洗的效果。

（2）清洗前打开燃油箱盖，释放燃油箱内的压力。

（3）拆卸燃油管连接清洗设备之前必须进行泄压操作，避免燃油喷出伤人。

（4）清洗完成后照原样接好发动机的进油管，起动发动机并适当加速，检查各接口处及管路是否渗、漏油。

燃油系统清洗剂

2. 燃油箱内直接添加燃油系统清洗剂进行清洗

将燃油系统清洗剂添加在发动机燃油箱中，当燃油箱内的燃油耗尽时，再重新加注燃油即可达到清洗燃油系统的效果。

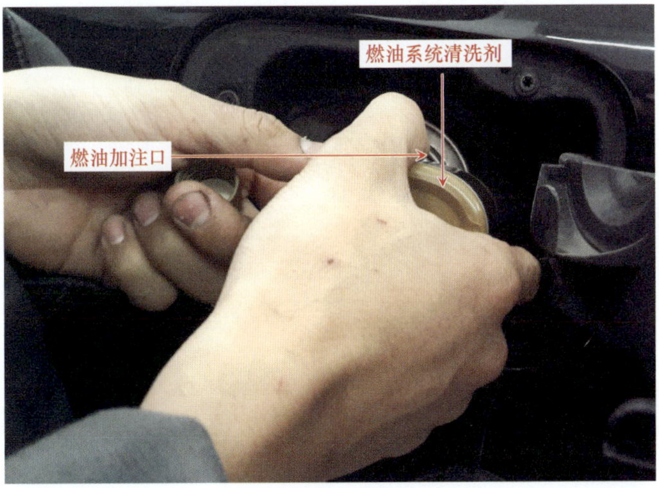

直接添加燃油系统清洗剂

直接添加燃油系统清洗剂

7. 进气系统免拆清洗

（1）首先拆开进气歧管压力传感器或其他有发动机真空吸力的零部件，以便能够插入进气系统免拆清洗工具的管路插头。

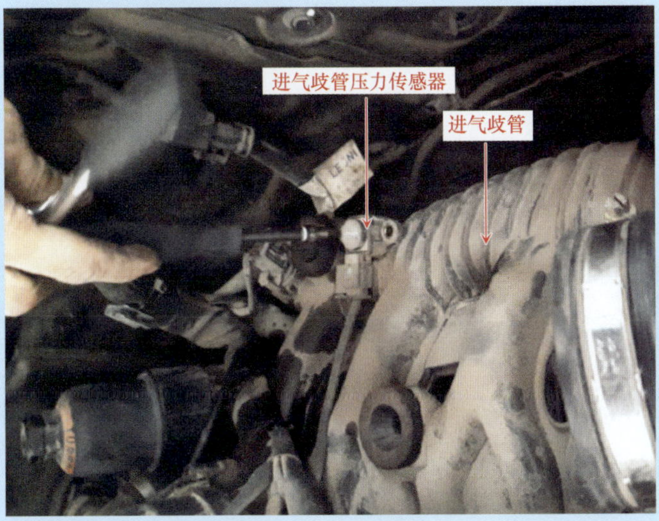

拆开进气歧管压力传感器

拆开进气歧管压力传感器

（2）在高效进气系统免拆清洗剂瓶上安装好进气系统免拆清洗工具。

安装好进气系统免拆清洗工具

安装好进气系统
免拆清洗工具

（3）将进气系统免拆清洗工具的管路插头插入进气歧管压力传感器安装孔内。

安装清洗工具的管路插头

发动机正在
进行清洗

（4）起动发动机让其怠速运转，高效进气系统免拆清洗剂借助发动机的真空吸力，被吸入发动机内以清洗发动机，直到高效进气系统免拆清洗剂耗尽为止，最后安装好进气歧管压力传感器即可完成进气系统免拆清洗。

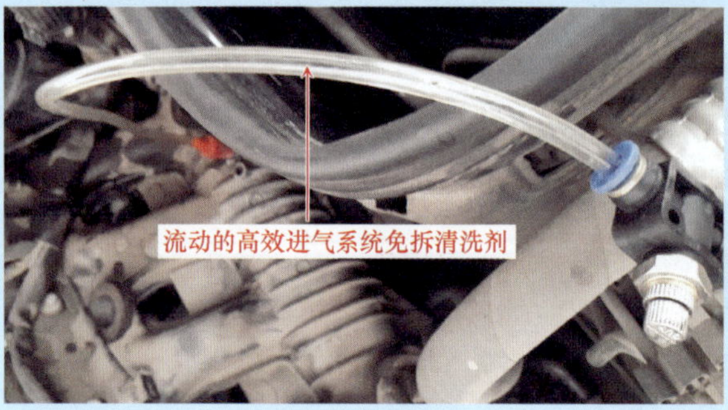

高效进气系统免拆清洗剂被吸入发动机进行清洗

相关知识

进气系统清洗剂

进气系统免拆卸清洗就是在不拆卸节气门体、进气歧管等部件的情况下，清除进气系统中的胶质和积炭等污垢，从而恢复进气系统功能，避免因人为拆卸而损坏进气系统及各密封垫。进气系统免拆卸清洗的注意事项如下：

(1) 进气系统免拆卸清洗必须选择正规厂家生产的进气系统清洗剂（有些称为动力还原），否则将达不到清洗的效果。

(2) 清洗完成后照原样接好发动机的拆卸部位，起动发动机并适当加速，检查各接口处及管路是否漏气即可。

8. 发动机润滑系统的简单清洗

(1) 将发动机润滑系统清洁剂添加在发动机机油中，然后让其怠速运转 10min 左右。

添加发动机润滑系统清洁剂

添加发动机润滑系统清洁剂

(2) 将发动机熄火，然后将车辆安全地举升，将发动机机油及油泥排干净。

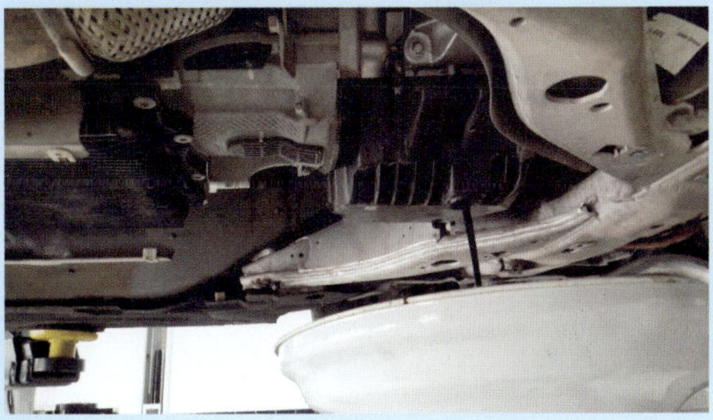
排放发动机机油及油泥

排放发动机机油及油泥

重新加注新的发动机机油

（3）向发动机重新加注新的发动机机油即可。

重新加注新的发动机机油

相关知识

发动机润滑系统清洁剂可以添加在发动机机油中，然后让其怠速运转10min左右，将发动机机油及油泥排干净后再添加新的发动机机油即可。它的主要作用是快速清洁发动机润滑油路，减小活塞环与气缸壁之间的摩擦，有效防止机件的磨损。

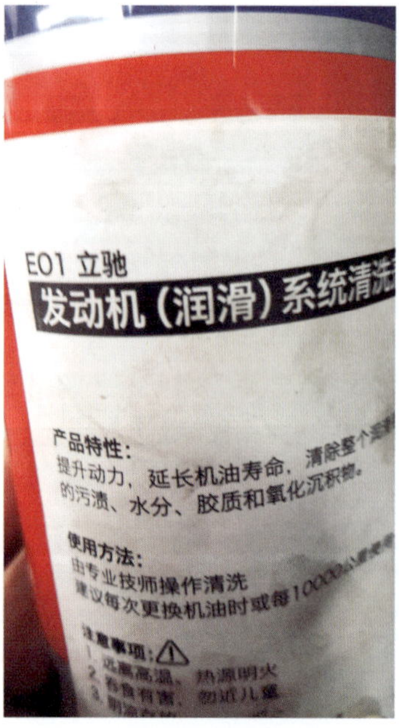

发动机润滑系统清洁剂

9. 更换发动机冷却液

（1）确保发动机已冷却到可以触摸的温度，然后打开发动机冷却液储液罐盖。

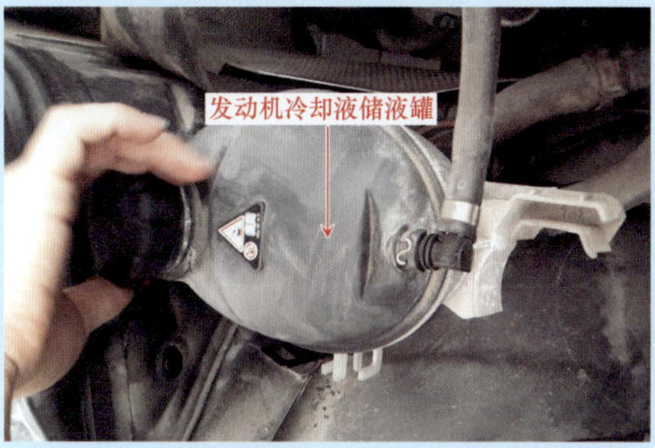

打开冷却液储液罐盖

打开冷却液储液罐盖

（2）安全地举升汽车，然后在散热器排放塞正下方放置一个容器，拆下散热器排放塞，让发动机冷却液流入容器中。有时为了让发动机冷却液排放得更加彻底，可以使用加压工具向冷却液储液罐加压。

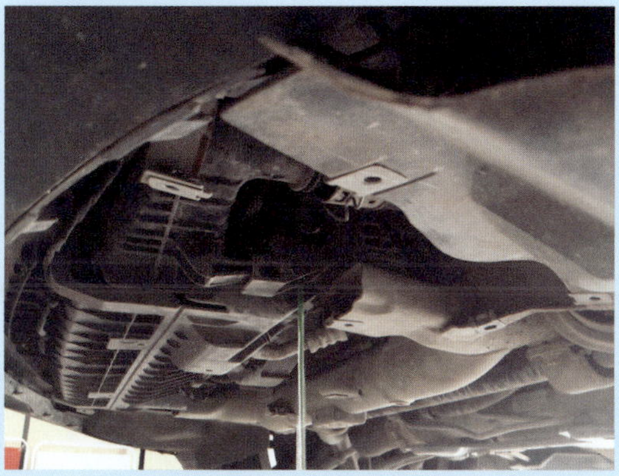

排放发动机冷却液

排放发动机冷却液

（3）排空发动机冷却液后，重新拧紧排放塞。

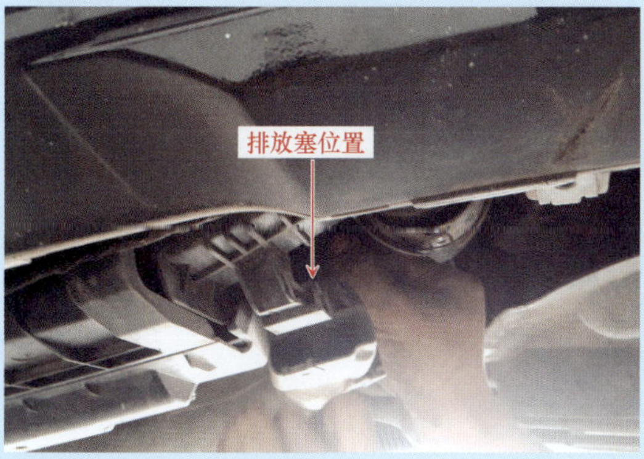

重新拧紧排放塞

重新拧紧排放塞

加注发动机
冷却液

（4）加注原厂规定的发动机冷却液至储液罐的 MAX（上限）标记即可。

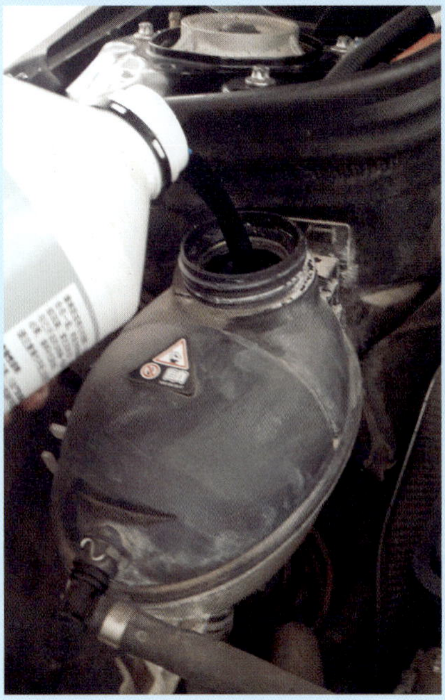

加注发动机冷却液

相关知识

（1）发动机冷却液也称防冻液，它的主要功能是保护发动机正常良好运行，在发动机内循环中起到防冻、防沸、防锈、防腐蚀等效果，大多数发动机冷却液的颜色为红色或绿色。

（2）发动机冷却液的更换周期会因车型不同有所差异，具体需要参考车主保养手册的有关规定。以宝马轿车为例，发动机冷却液一般每行驶 10 万 km 或 5 年更换一次。

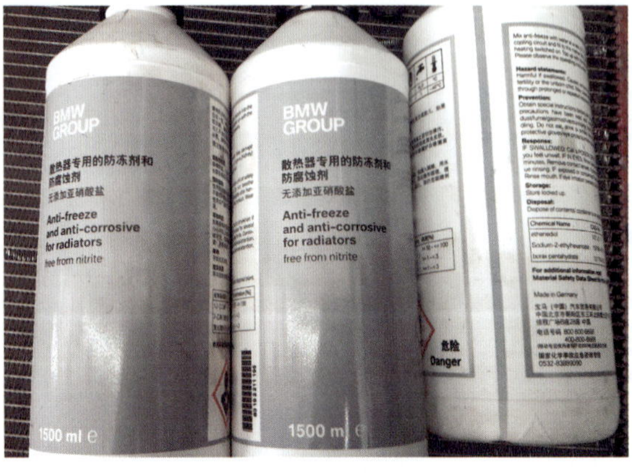

发动机冷却液

10. 更换燃油滤清器

（1）安全地举升汽车，然后在底盘下面拆卸下护板，找到燃油滤清器。

拆卸下护板

（2）首先拆下固定燃油滤清器的卡箍，然后拧松燃油滤清器连接燃油管口的卡箍，从燃油管中拔出燃油滤清器。拆卸时，小心不要将管路中残留的燃油溅到身上。

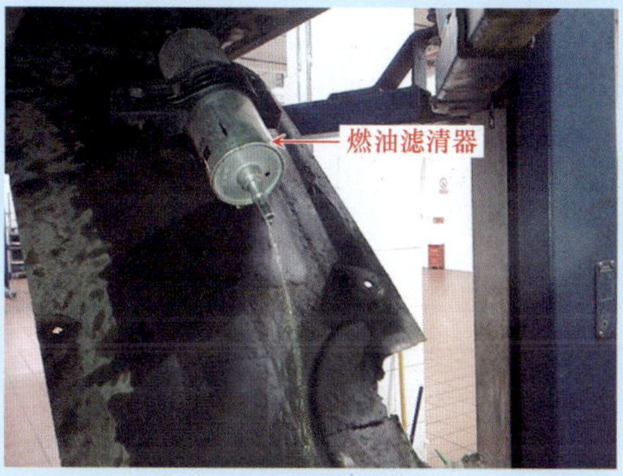

拆卸燃油滤清器

拆卸燃油滤清器

（3）按照相反的顺序，重新安装好新的燃油滤清器。安装新的燃油滤清器时要注意燃油滤清器上指示的箭头，要由燃油箱指向发动机。

安装燃油滤清器

安装燃油滤清器

相关知识

燃油滤清器的作用是过滤汽车燃油中的杂质，使供给发动机燃烧的燃油更纯净。燃油滤清器的位置主要有两种：一种是安装在底盘上的燃油滤清器，简称外置式燃油滤清器；另一种是集成于燃油泵总成中的燃油滤清器，简称内置式燃油滤清器。

（1）外置式燃油滤清器更换工具简单，操作方便。它的更换周期为 2 万 km 左右。更换外置式燃油滤清器时，应将新、旧燃油滤清器进行比较，确保安装位置准确。

（2）内置式燃油滤清器需要拆除整个燃油泵，且需要特殊燃油泵拆除工具，操作比较困难，需要专业人员进行操作。它更换周期为 4 万～8 万 km，但不同车型之间的保养周期可能会有略微的差异。

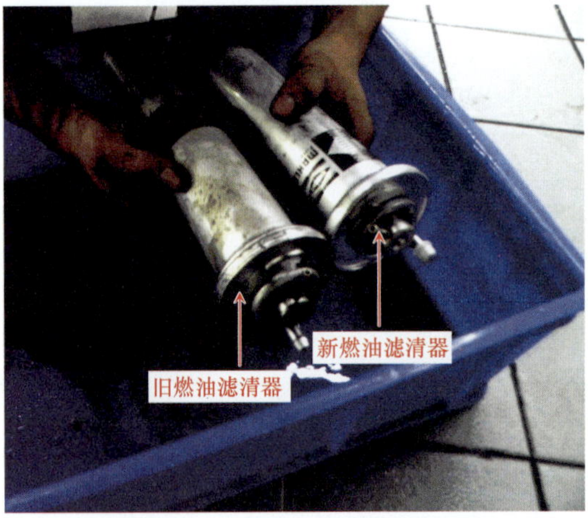

将新、旧燃油滤清器进行比较

11. 三元催化器免拆清洗

（1）首先对燃油系统进行泄压操作，然后将燃油进油管从喷油器分配管接口上拆下。

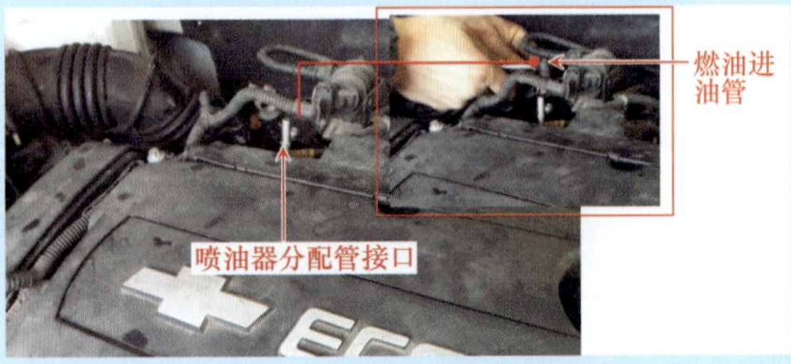

拆卸燃油进油管

拆卸燃油进油管

（2）选择合适的连接接头，然后将连接接头的一端插入喷油器分配管接口，再用卡箍将连接接头固定在喷油器分配管接口上。

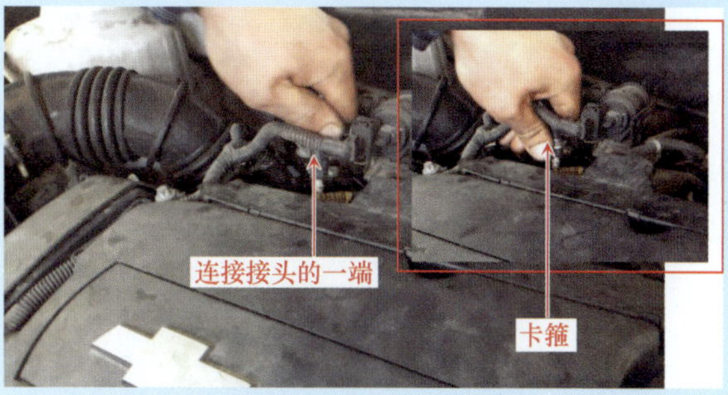

安装连接接头

（3）将连接接头的另一端与发动机免拆清洗机的出液管连接好。

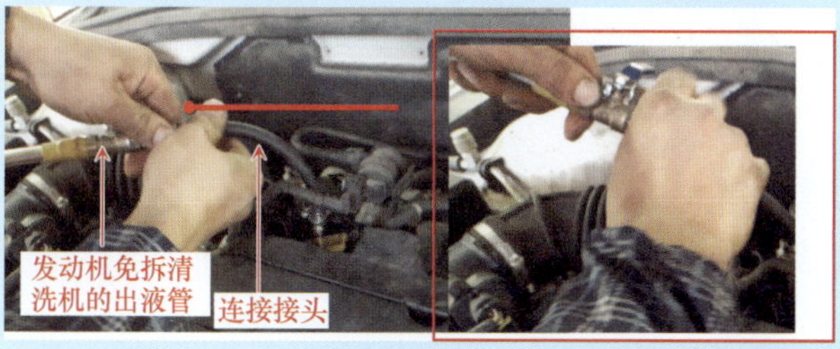

连接出液管

安装合适的连接接头

（4）确保发动机免拆清洗机出液管的阀门是关闭的，然后用一根回油管将从燃油泵来的进油管连接好。

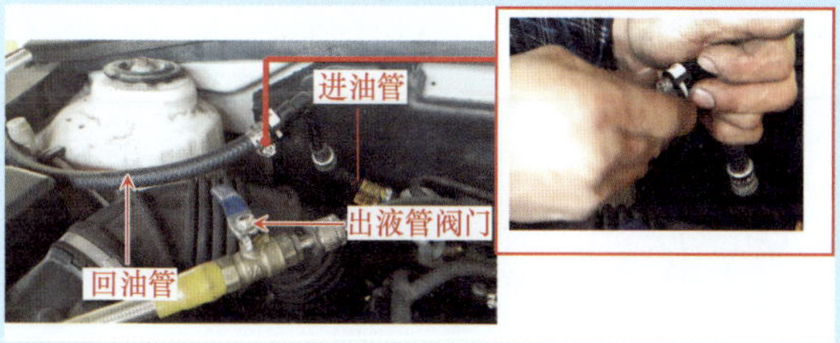

连接好回油管

（5）打开燃油箱盖，然后将回油管的另一端插入燃油加注口内，目的是起动发动机时，燃油泵的燃油能够回流至燃油箱内。

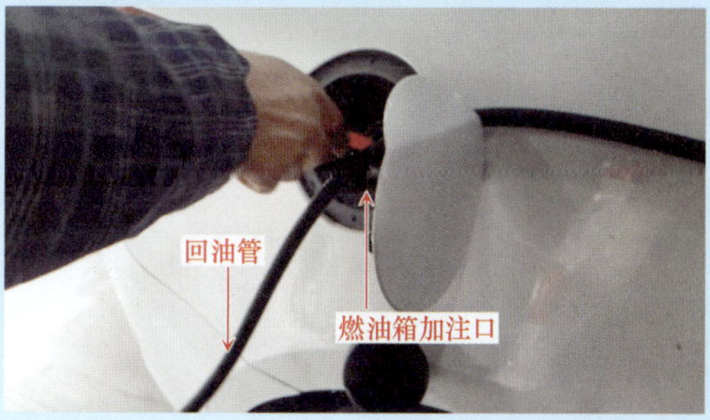

放置回油管

安装回油管

加入三元催化保养剂

（6）打开发动机免拆清洗机加注口盖，然后将三元催化保养剂加入发动机免拆清洗机内，加注完毕后将加注口盖拧紧。

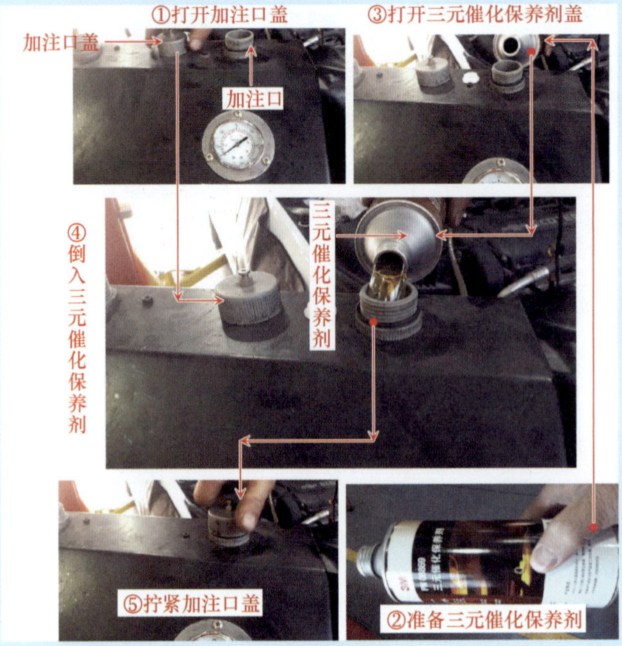

加入三元催化保养剂

（7）将压缩空气管接到发动机免拆清洗机的接气管接口。

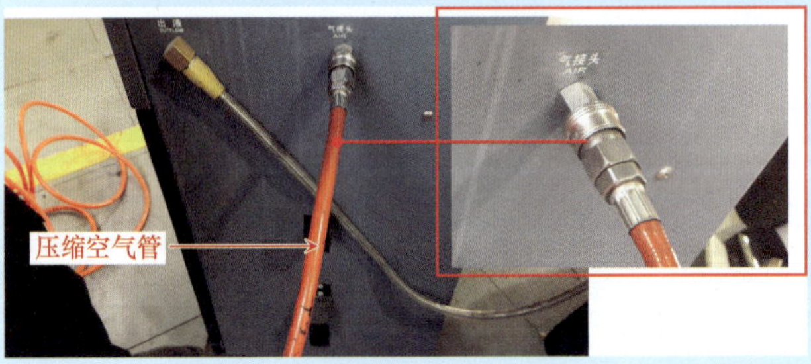

连接压缩空气管

（8）打开发动机免拆清洗机出液管的阀门。

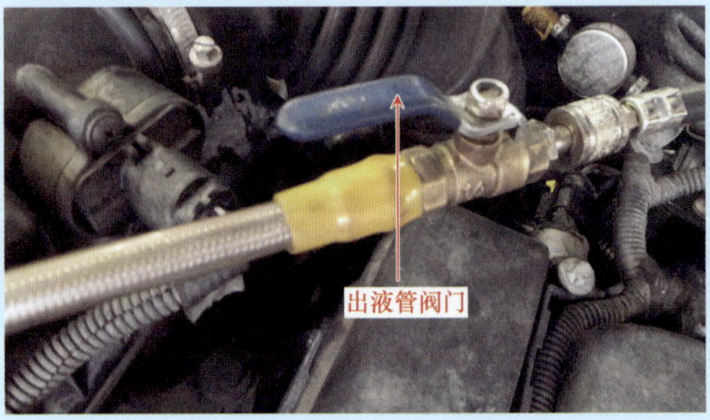

打开出液管的阀门

清洗三元催化器

（9）开启发动机免拆清洗机的旋钮开关，然后检查发动机免拆清洗机的空气压力，如果压力正常则不需要进行调整，如果压力不正常则将通过调压阀“ +”（增大）或“ –”（减小）来调整空气压力。接下来起动发动机，将转速保持在 1500r/min 左右，工作时可急加速几次，清洗完后发动机自动熄火。

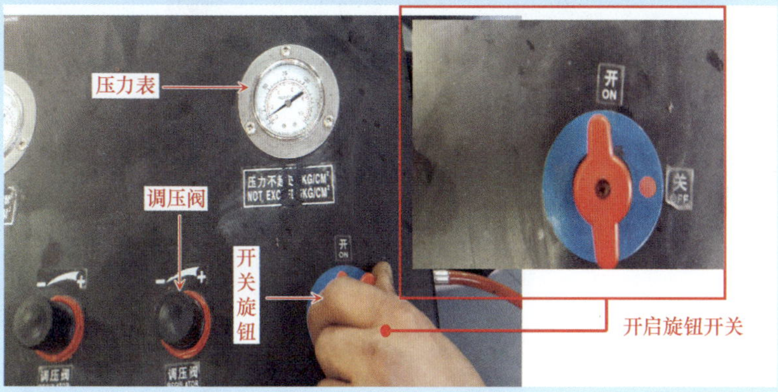

开启发动机免拆清洗机的旋钮开关

（10）清洗完毕后断开气源，然后关闭出液管阀门，并卸掉发动机免拆清洗机出液管。

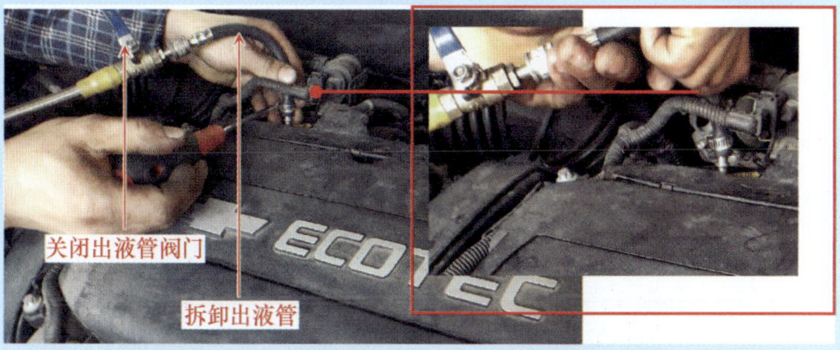

卸掉发动机免拆清洗机出液管

（11）从进油管上拆卸回油管。

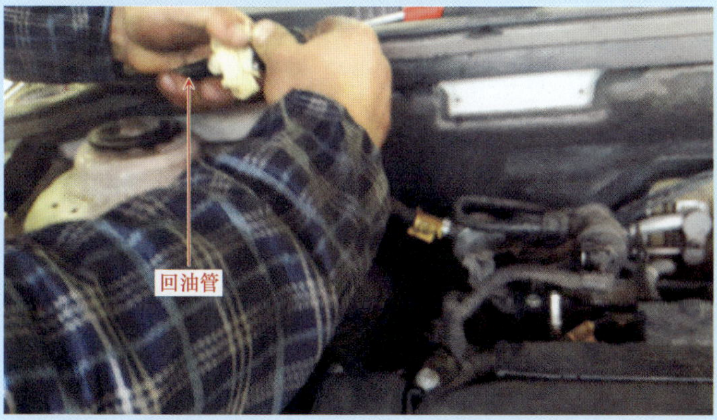

拆卸回油管

重新装回燃油进油管

（12）重新装回燃油进油管，安装时确保油管卡子安装到位。

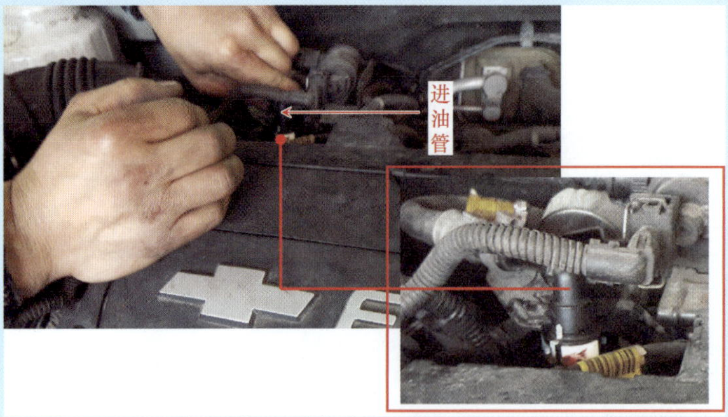

重新装回燃油进油管

12. 发动机线路的护理

喷发动机外部清洗剂

（1）首先用压缩风枪将发动机舱内的脏污及灰尘吹干净，然后在发动机表面均匀地喷上一层发动机外部清洗剂。

发动机舱内喷发动机外部清洗剂

吹干净发动机舱

（2）等待 3 ~5min 后使用压缩风枪将发动机舱内的发动机外部清洗剂泡沫及脏污吹干净。

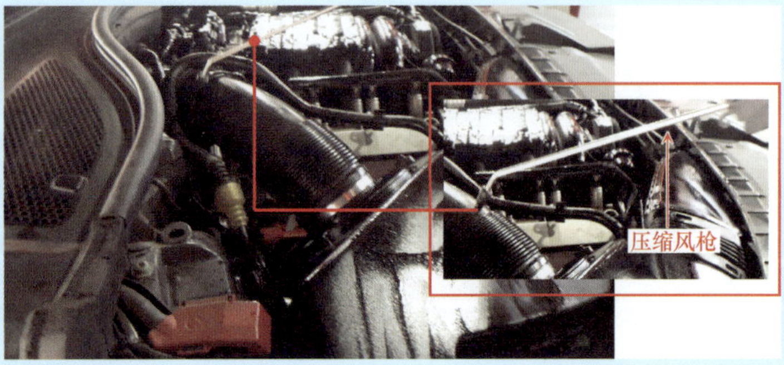

吹干净发动机舱

（3）将发动机线路保护剂均匀地喷在发动机及线路的表面，当发动机线路保护剂干燥后，发动机舱恢复原来的光泽。

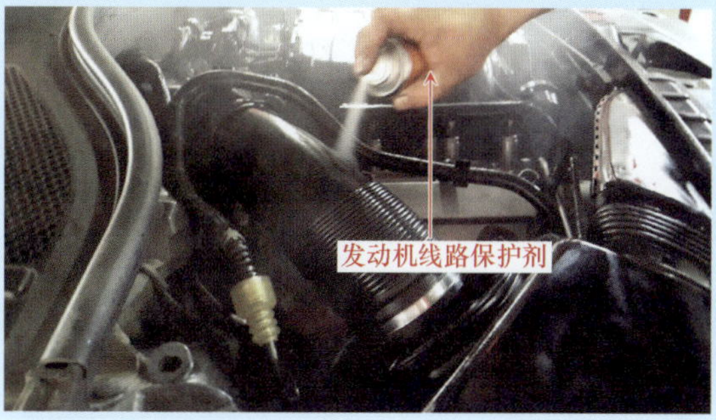

发动机舱内喷发动机线路保护剂

喷上发动机线路保护剂

相关知识

（1）发动机外部清洗剂。发动机外部清洗剂具有极强的去油功能，能快速乳化分解去除油污，对发动机机体没有腐蚀作用，且水溶性好，可以完全溶解油污，易用水冲洗，没有残留物。

（2）发动机线路保护剂。发动机线路保护剂具有防止线路老化的作用，可避免汽车自燃。它能有效修复线路上的细微裂缝，防止漏电，保障汽车电路正常工作。

发动机外部清洗剂

发动机线路保护剂

第2章 汽车底盘养护

13. 手动变速器油的更换

（1）安全地举升汽车，然后拆卸手动变速器放油螺栓，将旧的手动变速器油排出。当旧的手动变速器油排干净后拧紧放油螺栓。

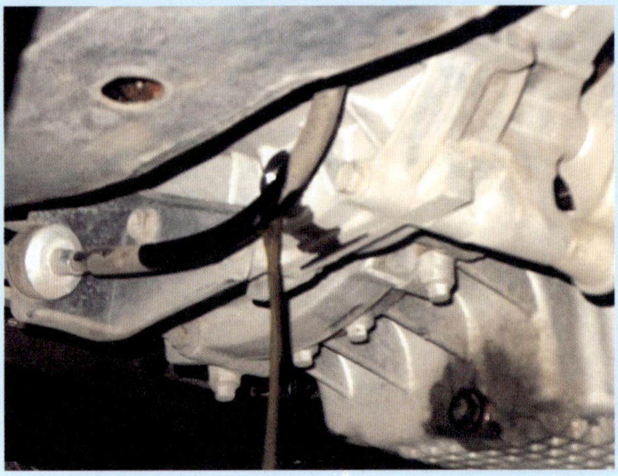

排放旧的手动变速器油

（2）将手动变速器油加入齿轮油加注器中。

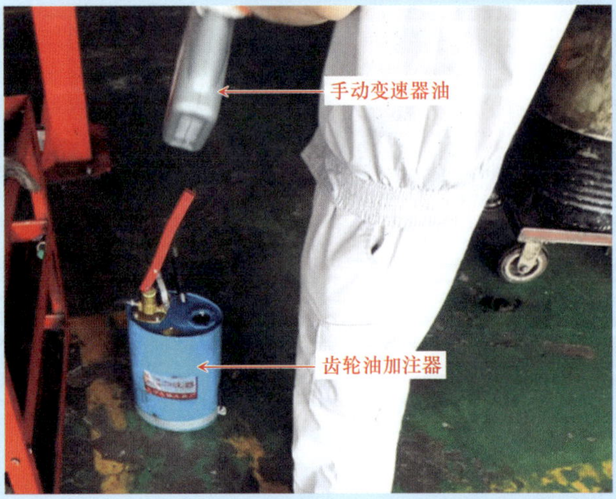

将手动变速器油加入齿轮油加注器中

（3）找到手动变速器油加注口，然后拆下加注口螺塞。将加油枪插入加注口，按压齿轮油加注器的手柄加注手动变速器油，直到手动变速器油从加注口向外溢出为止，最后安装好加注口螺塞即可。

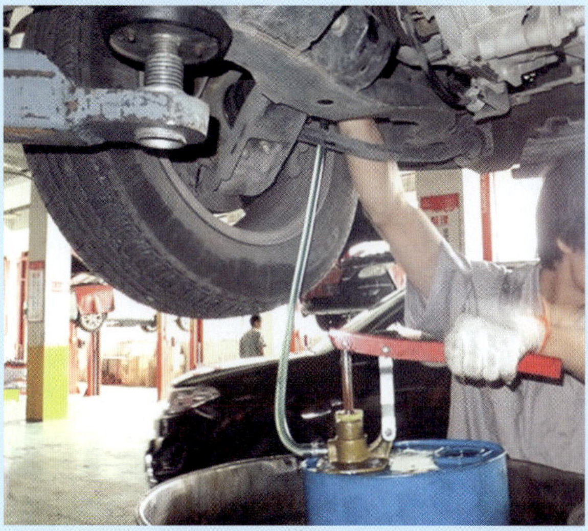

加注手动变速器油

相关知识

手动变速器油为齿轮油，它主要作用是润滑变速器内的齿轮，减少摩擦，延长变速器的使用寿命。手动变速器油更换周期应参考车主保养手册，一般制造厂推荐的更换周期为 3 万 ~4.8 万 km。

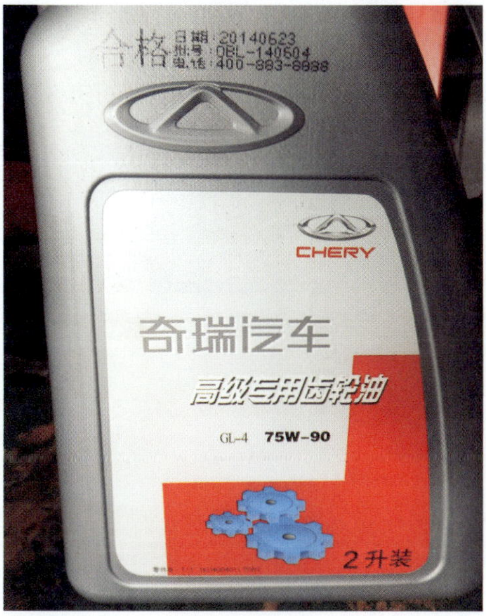

手动变速器油

目前国内的车辆齿轮油分为普通车辆齿轮油（GL-3）、中负荷车辆齿轮油（GL-4）、重负荷车辆齿轮油（GL-5）3 种。齿轮油的黏度等级编号通常由一组数字和字母 W 组成，字母 W 代表冬季齿轮油，纯数字的编号代表夏季用齿轮油，齿轮油一般分为 70W、75W、80W、90、140。此外，还有一种类型标注如 75W-90，这种齿轮油为四季用油，兼容冬、夏季的气温特点。

14. 自动变速器油免拆更换

（1）找出自动变速器的连接管路，然后将自动变速器免拆清洗机上“出油”的一根油管与自动变速器油管的进油管相连，将“回油”的一根油管与自动变速器油管的出油管连接。

（2）向自动变速器免拆清洗机加入一定量的新自动变速器油。

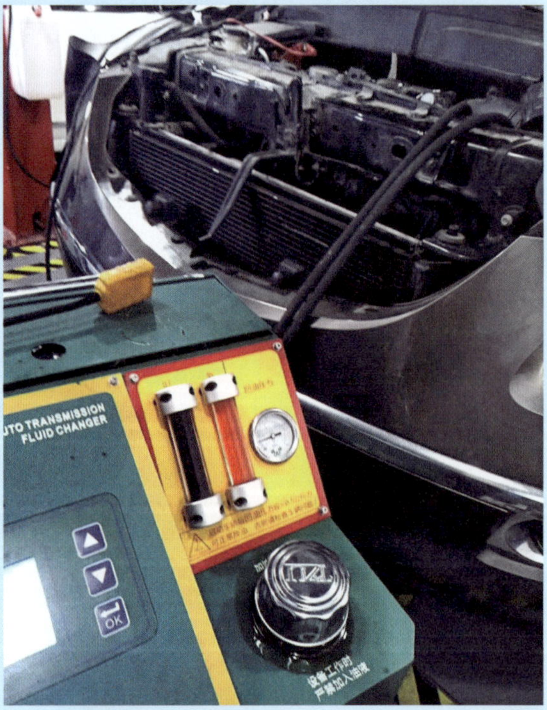

进行自动变速器油免拆更换

（3）将自动变速器免拆清洗机的电源线与蓄电池连接，然后打开电源开关起动自动变速器免拆清洗机，根据显示屏界面的提示进行设置。此外，适当打开回油阀，顺时针缓慢打开气压调节阀使气压至 69～100kPa，并起动发动机。通过调节回油阀及气压阀，使新油的加注量与旧油回收量保持平衡。

（4）更换时在不同档位之间进行切换，视情况而定，每个档位停留 1min 左右。观察新油的减少量与旧油的增加量，同时调节气压阀和回油阀使减少量与增加量相等。若旧油增加量大于新油减少量，应顺时针调节回油阀来减慢回油流速。若旧油增加量小于新油减少量，应逆时针调节气压阀减少新油加注量。

自动变速器
免拆更换

（5）当新、旧油视窗颜色基本相同时，这说明自动变速器已经清洗干净，应停止清洗操作。

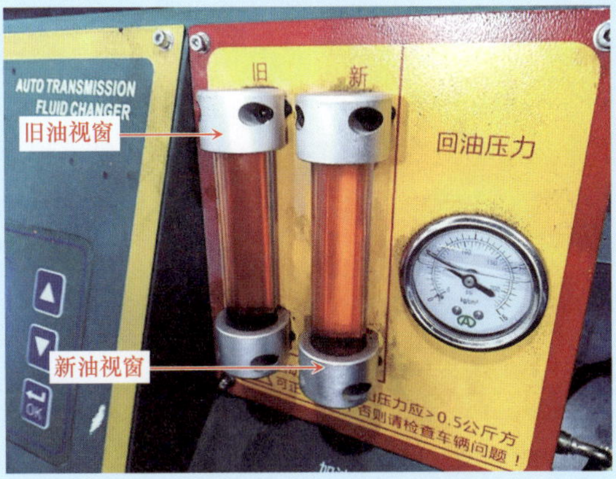

新、旧油视窗颜色基本相同

（6）先将发动机熄火，再逆时针关闭气压调节阀。
（7）拆除管路连接，并恢复自动变速器的油管连接。
（8）起动发动机，检查自动变速器管路是否有渗漏油现象。
（9）检查自动变速器油位，若油位不够时须进行补充加注。

相关知识

1. 自动变速器油常识

自动变速器油简称 ATF（Automatic Transmission Fluid），是专门用于自动变速器的油液。

自动变速器油

（1）自动变速器油一般正常行驶情况每12万km更换一次，恶劣行驶情况每2年或4万km更换一次。

（2）尽量选用原厂的ATF。不能错用、混用自动变速器油。

（3）按照汽车保养手册规定使用相同型号的ATF油，禁止使用其他型号的ATF替代。

（4）自动变速器油正常为红褐色，若ATF油液为乳白色，则说明有发动机冷却液进入ATF油液，排除发动机冷却液泄漏故障后更换自动变速器油；若ATF油液为褐色、黏稠，则为ATF氧化变质，应及时更换自动变速器油。

2. 自动变速器油位检查

（1）将汽车停放在水平地面上，并拉紧驻车制动器。

（2）让发动机怠速运转1min以上。

（3）踩住制动踏板，将变速杆拨至倒档（R）、前进档（D）、前进低档（S、L或2、1）等位置，并在每个档位上停留几秒钟，使液力变矩器和所有换档执行元件中都充满自动变速器油。最后将变速杆拨至停车档（P）位置。

（4）打开发动机舱盖，在发动机舱内找到自动变速器油尺。

（5）从油尺管内拔出自动变速器油尺，然后用布擦干净油尺上的自动变速器油，再重新将自动变速器油尺插入油尺管直到插到底为止。

重新插入油尺

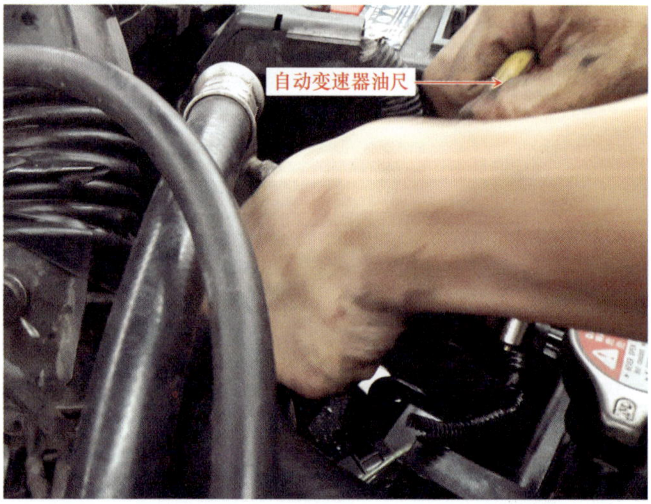

重新插入自动变速器油尺

（6）取出自动变速器油尺，水平地握住，查看自动变速器油的油位，它应当在上限和下限之间的网状区域内。但如果自动变速器处于热态（自动变速器油温度已达70~80℃），油面高度应在“HOT”（热态）区域内。如果自动变速器油油位低于下限标记，应补充加注自动变速器油。补充加注自动变速器油时应选择与自动变速器所使用同型号的自动变速器油，然后缓慢地倒入自动变速器内，直到自动变速器油位达到上限标记，最后重复检查自动变速器油油位。

检查自动变速器油位

检查自动变速器油位

15. 自动变速器滤网的更换

（1）安全地举升汽车，然后在车辆底下拆卸放油螺栓。

拆卸放油螺栓

（2）排放干净自动变速器油。

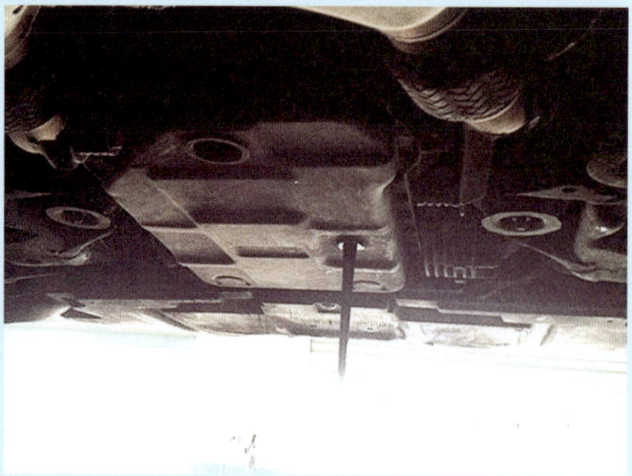

排放干净自动变速器油

（3）拆卸自动变速器油底壳，然后拆下旧自动变速器滤网。

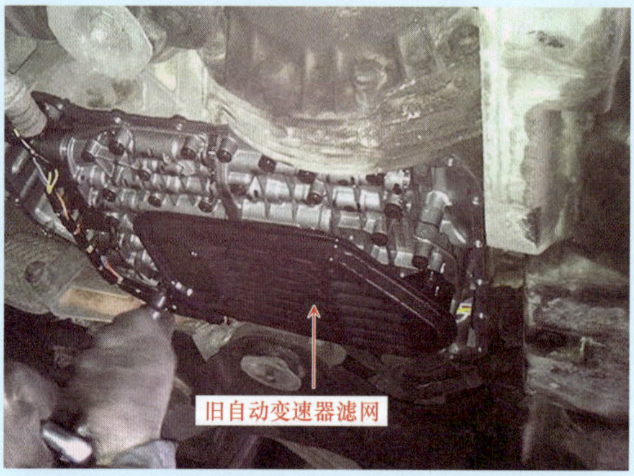

拆卸旧自动变速器滤网

（4）按照相反的顺序安装新的自动变速器滤网。

安装新的自动变速器滤网

（5）清洗干净自动变速器油底壳，然后重新在它的接合面上涂抹一层密封胶。

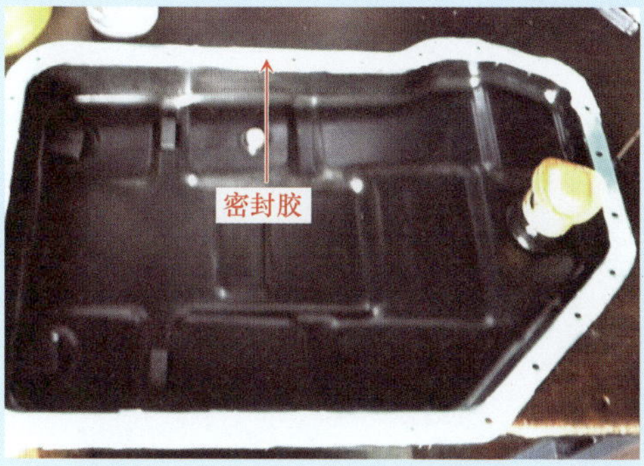

在接合面上涂抹一层密封胶

（6）按照相反的顺序安装好自动变速器油底壳，等待密封胶固化后（大约30min），按照标准添加自动变速器油即可。

安装好自动变速器油底壳

相关知识

自动变速器滤网主要功能是过滤自动变速器油的杂质，应按汽车使用说明书的规定期限，及时更换自动变速器过滤器或清洗滤网，同时拆洗自动变速器油底壳。

自动变速器滤网

16. 驱动桥润滑油的更换

驱动桥润滑油的
加注孔螺塞位置

驱动桥润滑油的
放油螺塞位置

（1）安全地举升汽车，找到驱动桥润滑油的加注孔螺塞位置。

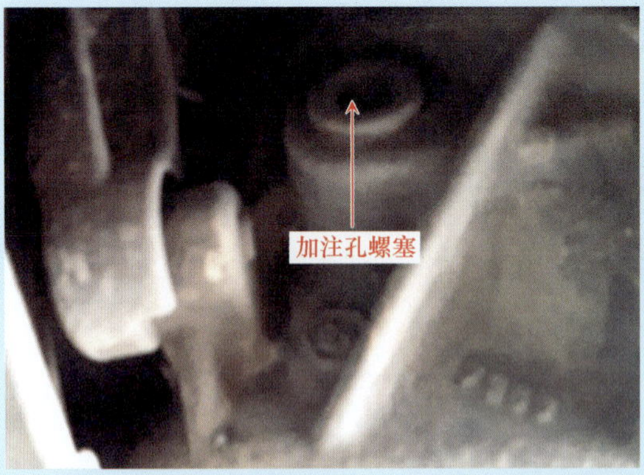

驱动桥润滑油的加注孔螺塞位置

（2）找到驱动桥润滑油的放油螺塞位置。

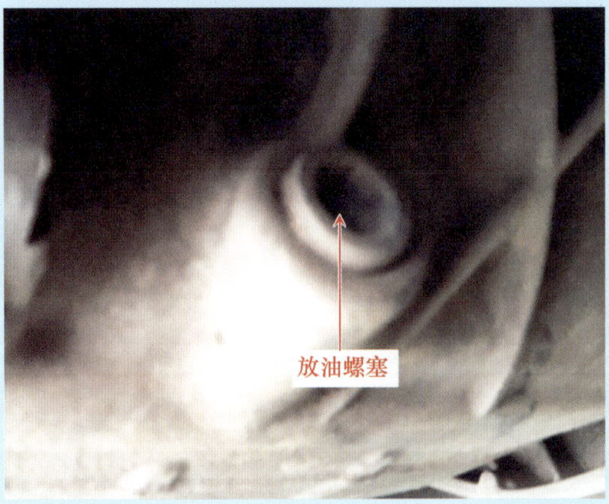

驱动桥润滑油的放油螺塞位置

（3）使用内六角扳手拆卸驱动桥润滑油的加注孔螺塞。

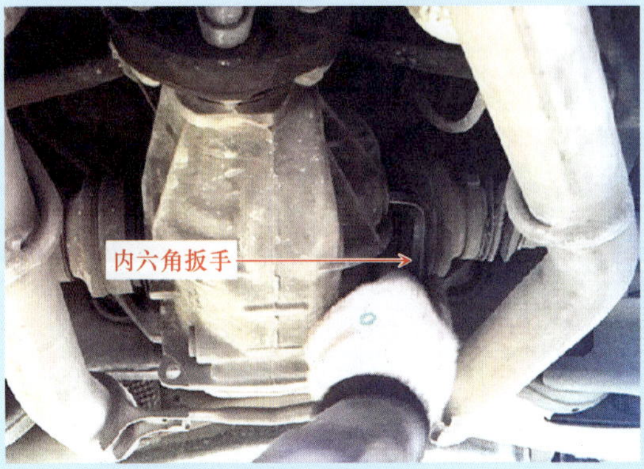

拆卸驱动桥润滑油的加注孔螺塞

（4）使用内六角扳手拧松放油螺塞，如果放油螺塞过紧，则增加加力杆进行拆卸。

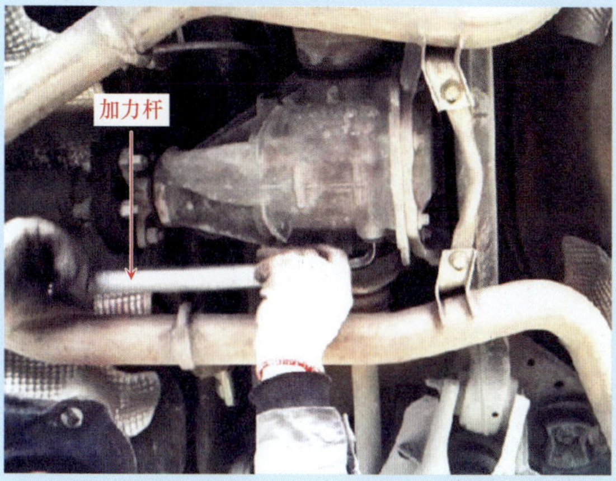

拧松放油螺塞

（5）拧出放油螺塞，放出旧润滑油，放净润滑油后，擦干净放油螺塞并将其牢固地拧回驱动桥壳上。

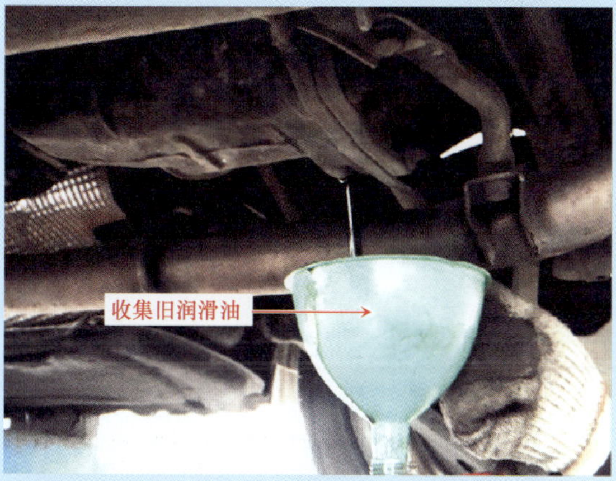

放出旧润滑油

（6）在加注孔插入加油枪。

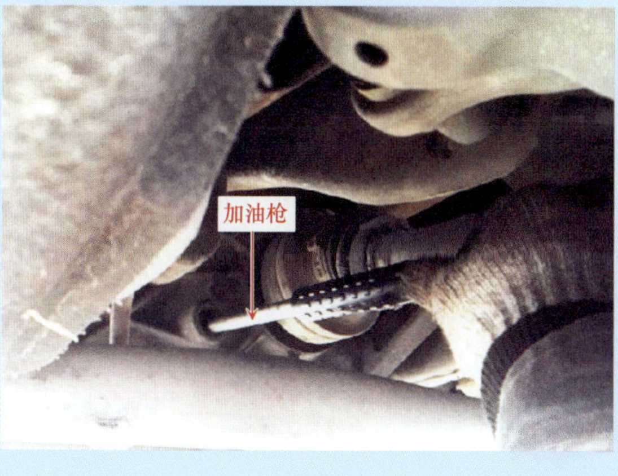

加注孔插入润滑油枪

（7）将润滑油倒入齿轮油加注器中，然后按压齿轮油加注器的手柄加注润滑油，加注时直到润滑油从加注孔向外溢出为止，最后安装好加注孔螺塞即可。

加注驱动桥润滑油

相关知识

一般进口轿车驱动桥润滑油更换周期是4万km，而国产中低档轿车是2万km更换一次。加注驱动桥润滑油通常都是将新的润滑油倒入加注器中，然后再进行加注。

驱动桥润滑油倒入润滑油加注器中

17. 更换制动摩擦片

（1）拆卸制动摩擦片之前首先拆下车轮，然后拆下制动摩擦片报警器线束插接器。

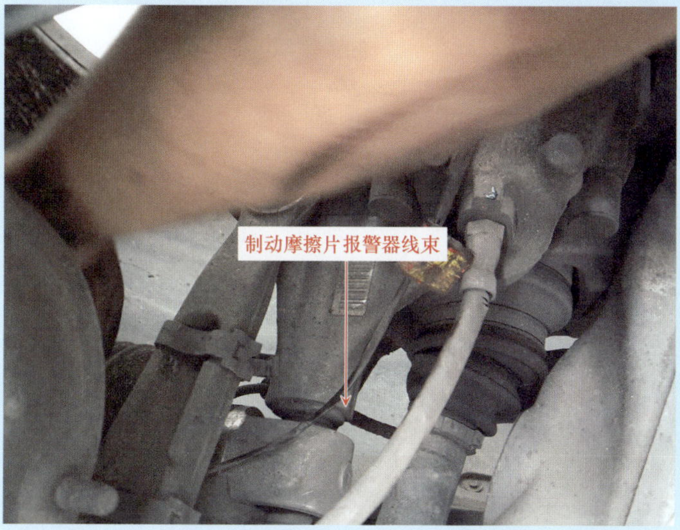

（2）使用一把长的一字螺钉旋具撬动旧制动摩擦片，目的是让制动轮缸复位。注意：也可以拆下制动钳后使用专用工具压缩制动轮缸复位。

拆卸旧制动摩擦片准备工作

（3）拆卸制动钳装配螺栓，然后取出制动卡销。

拆卸制动钳装配螺栓

（4）从制动钳支架上小心地拆下制动钳。

拆下制动钳

（5）从制动钳上取出旧的制动摩擦片。

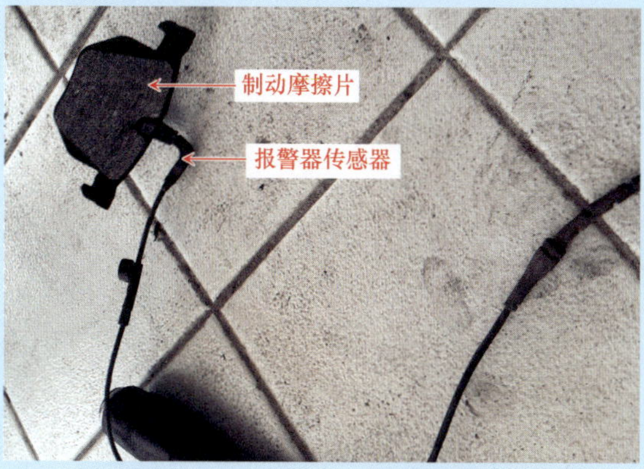

拆下旧制动摩擦片

（6）将制动钳固定在下摆臂上，避免制动钳垂直下落以致损坏制动软管。

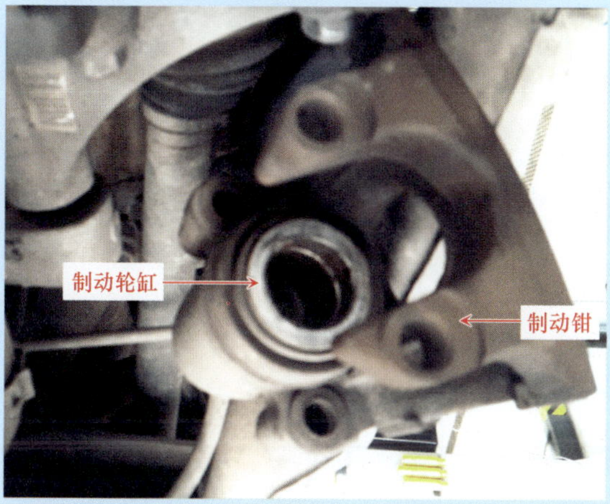

制动钳固定在下摆臂上

（7）小心地从旧的内侧制动摩擦片上拆下报警器传感器，然后将其安装到新的内侧制动摩擦片上。

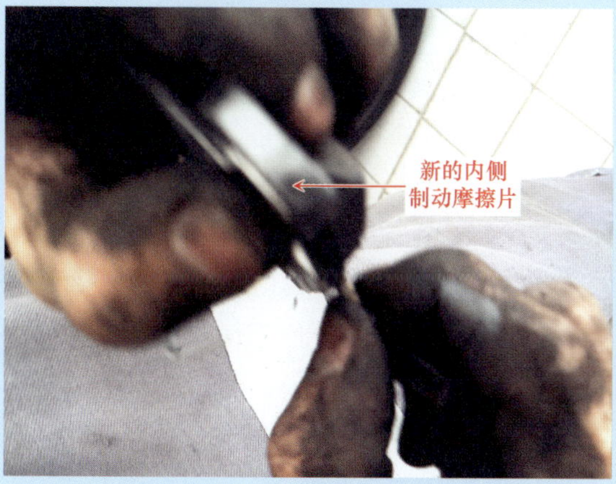

安装制动摩擦片报警器传感器

拆卸制动摩擦片

（8）在新的内侧制动摩擦片与制动钳接触面的末端涂抹上润滑脂。

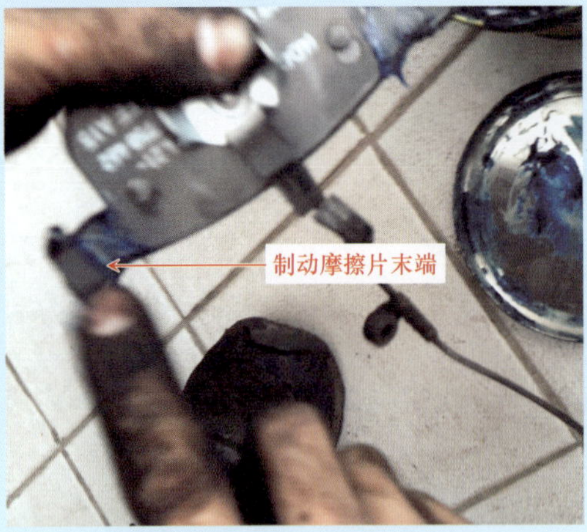

涂抹内侧制动摩擦片末端

（9）将新的内侧制动摩擦片安装到制动钳内的制动轮缸上。

安装新的内侧制动摩擦片

（10）在新的外侧制动摩擦片与制动钳接触面末端涂抹上润滑脂，然后将其安装至制动钳支架上。

安装新的外侧制动摩擦片

（11）小心地将制动钳安装到制动钳支架上，同时要避免制动钳卡伤手。

安装制动钳

安装制动摩擦片

（12）在制动卡销上涂抹润滑脂，然后将其安装到制动卡销孔内。

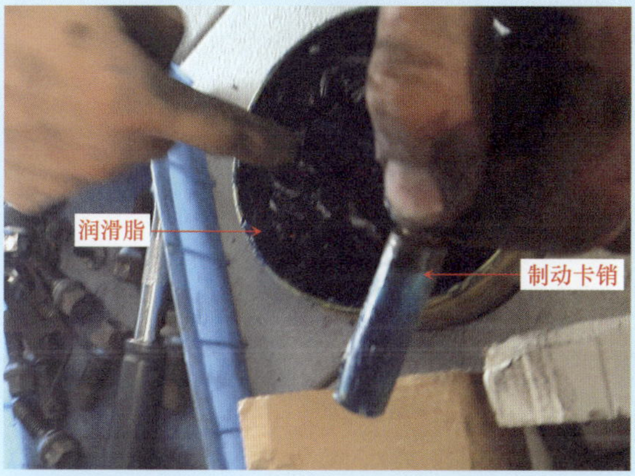

在制动卡销上涂抹润滑脂

（13）拧上制动钳螺栓，然后用扳手拧紧制动钳螺栓至标准力矩。

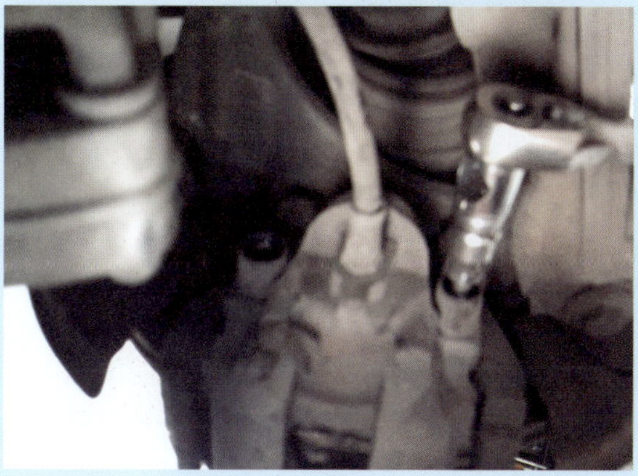

拧上制动钳螺栓

安装制动卡销

车轮的制动技术状态检测

（14）插好制动摩擦片报警器插头，必要时将车轮悬空，然后模拟行车状态来检查车轮的制动技术状态，如果制动系统正常则将轮胎安装好即可。也可以驾驶车辆进行路试，检测车轮的制动技术状态。

插好制动摩擦片报警器插头

相关知识

（1）鼓式制动摩擦片每1万km检查一次，使用厚度不能小于1mm，而且制动鼓磨损极限不能大于2mm。

（2）盘式制动摩擦片每1万km检查一次，使用厚度不能小于1.5mm。制动摩擦片的更换周期一般为3万km，但是往往要依据汽车的运行情况、汽车的类型、车载重量、制动摩擦片的类型等具体情况而定。

制动摩擦片厚度过小

18. 更换轮胎

（1）将轮胎放气，然后清理掉轮辋上的旧平衡块。

轮胎放气

（2）在扒胎机上使用分离铲将轮胎完全与轮辋松开，分离轮胎时要注意避开气门嘴位置。

使用分离铲将轮胎完全与轮辋松开

轮胎放气

使用分离铲将轮胎完全与轮辋松开

拆下轮胎

（3）在扒胎机上拆下旧的轮胎。

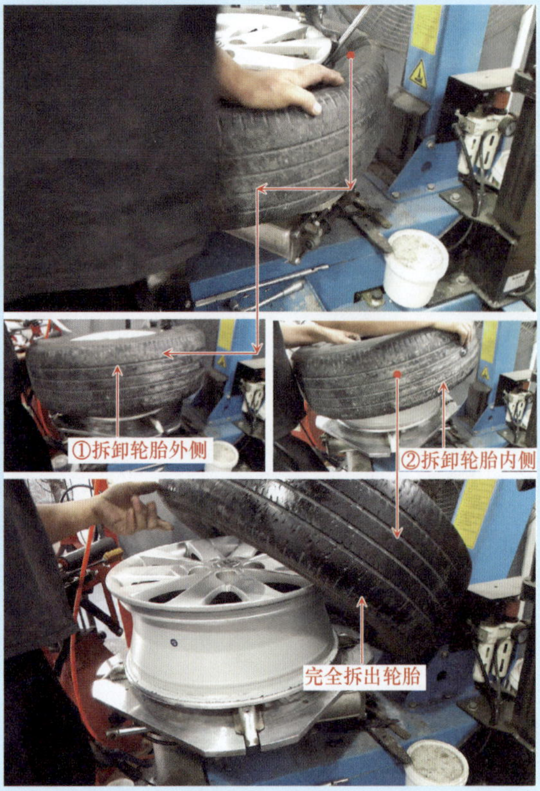

拆下轮胎

安装轮胎

（4）将新的轮胎安装到轮辋上。

安装新的轮胎

给轮胎充气

（5）更换轮胎后给轮胎充气，然后检查轮胎内外侧是否与轮辋紧密结合，如果正常则调整轮胎气压到标准值（一般为 250kPa）。

给轮胎充气

（6）更换轮胎后一般需要对轮胎进行动平衡测试，合格后方可安装到汽车上。首先将车轮装在轮胎动平衡机上。

将车轮装在轮胎动平衡机上

（7）在车轮孔内安装上合适的锥体，避免车轮高速旋转时晃动。

安装上合适的锥体

用大螺距螺母上紧车轮

(8) 用大螺距螺母上紧车轮。

用大螺距螺母上紧车轮

轮胎动平衡测试

(9) 设置好轮胎的参数，然后拆下车轮上的旧平衡块。按下起动键，车轮旋转，平衡测试开始。机器自动采集数据，可根据需要调整车轮的平衡量。

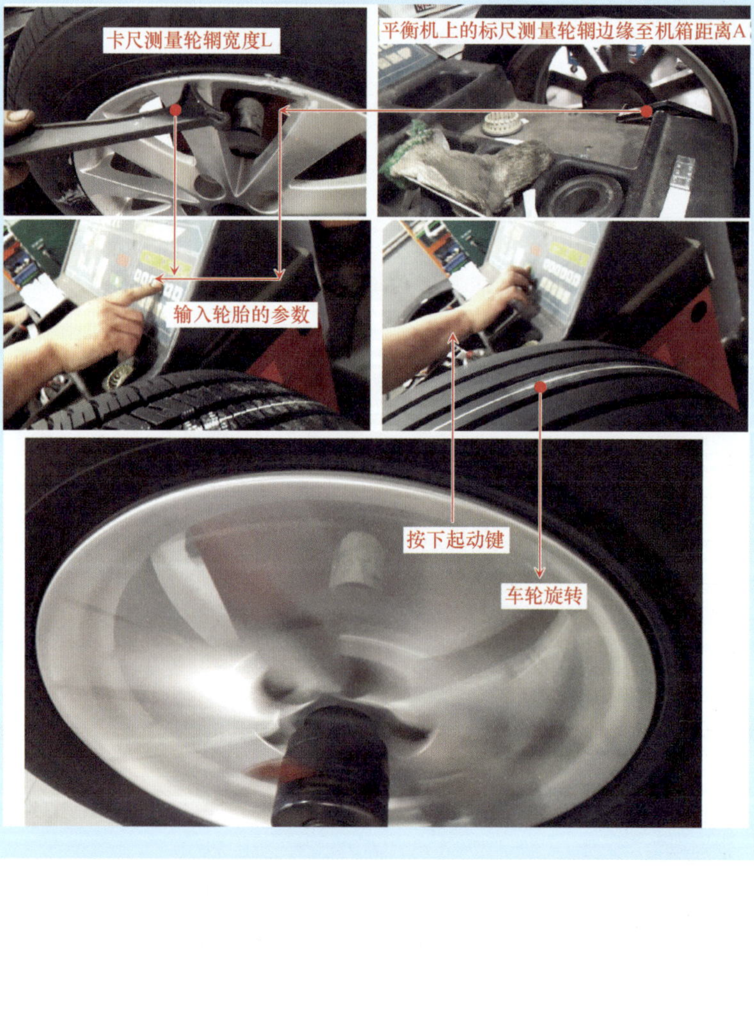

车轮旋转

（10）安装平衡块后重新进行动平衡测试，直到不平衡量小于 5g 或指示装置显示“00”或“OK”时即可达到平衡的技术状态。

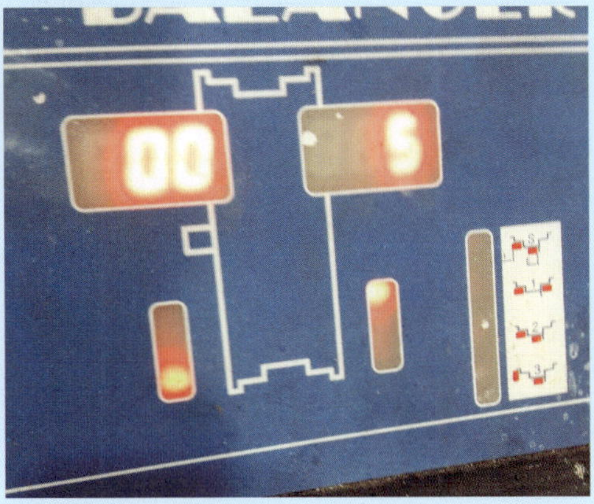

动平衡测试合格

（11）必要时还应进行四轮定位，主要是调整前束值至合格的位置（当显示界面的移动光标移动到中间且数字均显示为绿色，说明前束值调整合适），避免轮胎非正常磨损。

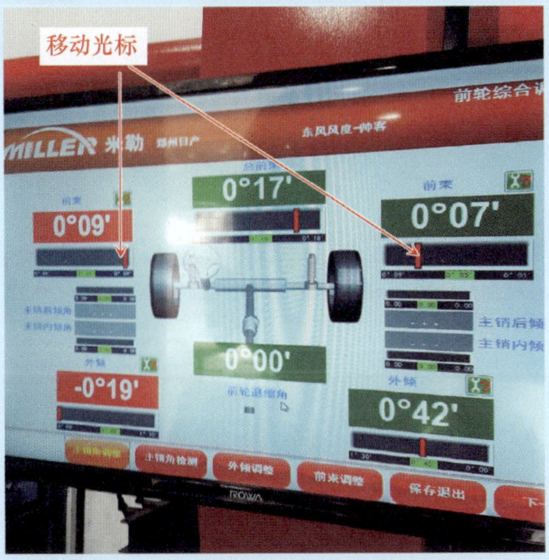

调整前束值

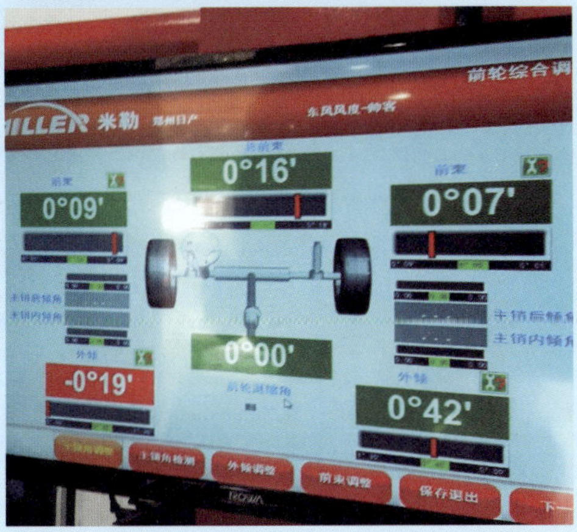

前束值变绿色为合格

调整前束值

相关知识

1. 轮胎知识

（1）轮胎的更换周期为5年或2万~5万km，但是经常跑高速，轮胎气压不正常都会缩短轮胎的使用寿命。而当轮胎花纹深度小于1.6mm，轮胎胎侧破损或鼓包时则需要更换轮胎。

（2）更换轮胎时要根据相应的规格选取，它一般标注在轮胎的侧面。轮胎的规格是根据使用要求和尺寸大小确定的。

轮胎

2. 扒胎机

扒胎机也叫轮胎拆装机，它是在轮胎更换时辅助拆卸、安装的工具，主要结构如下：

（1）脚踏板。在扒胎机的下面有4个脚踏板，分别为立柱操作踏板、卡爪操作踏板、分离铲操作踏板、工作台操作踏板。

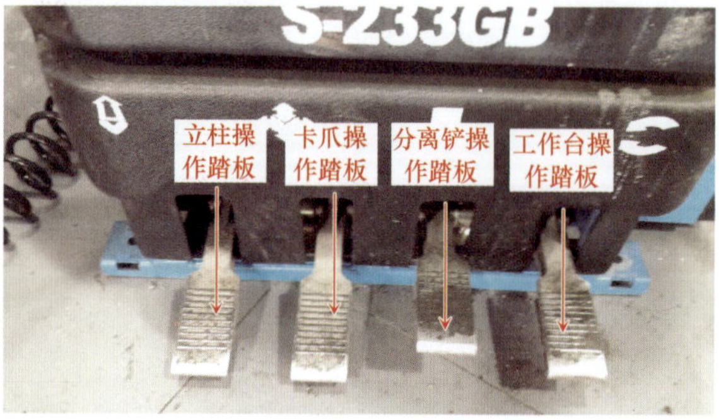

脚踏板

(2) 立柱部分。立柱部分包括升降杆、立柱、拆装器，主要用来拆装轮胎。

(3) 工作台。轮胎主要是在工作台上进行拆装的，工作台起到放置轮胎、旋转等作用。

(4) 分离臂部分。分离臂部分包括分离臂和分离铲，它在扒胎机的一侧，主要用来将轮胎与轮辋分离。

(5) 压缩空气接口。它为扒胎机提供气源压力。

(6) 充放气装置。它的作用是将轮胎的气放掉以利于充气或拆装，另外还有测量气压的气压表。一般的轮胎气压都是250kPa左右。注意：轮胎标准压力值在左前门中柱有标注，车型不同压力值有所不同。

(7) 润滑液。它的作用是利于轮胎的拆装，避免轮胎拆装过程中受到损害，使轮胎拆装工作更好地完成。

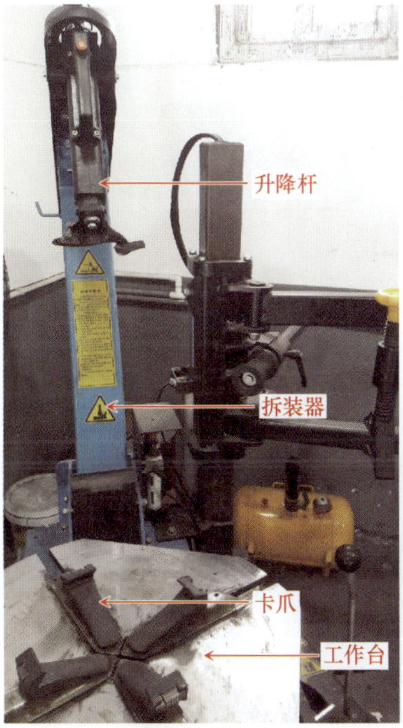

扒胎机上半部分

扒胎机右侧部分

3. 平衡机

平衡机基本结构包括平衡机主轴、车轮锁紧锥套、显示屏及操作面板、机箱、防护罩等。它的作用是在车轮动态情况下检查车轮的平衡情况，然后通过增加平衡块的方法来校正车轮各边缘的不平衡位置。

平衡机结构

19. 轮胎的检查与充气

（1）检查轮辋是否有变形、裂纹等异常情况，如果有则应更换轮辋；检查轮胎是否存在鼓包、刮伤、顶裂、变形等异常情况，如果有则更换轮胎；检查轮胎花纹磨耗状况，当轮胎磨损至磨损指示标志必须更换轮胎；如果轮胎花纹中有石子、杂物，则应使用钳子或类似工具将它们清理干净。

检查轮胎

（2）使用气压表检查轮胎的气压，如果胎压不在规定的范围内（一般轮胎的气压为 250kPa 左右），则应对轮胎进行充气。

检查轮胎的气压

检查轮胎的气压

相关知识

轮胎的气压标准值可以通过查看驾驶人一侧门框上的标牌，它标明轮胎的规格以及推荐的轮胎气压。

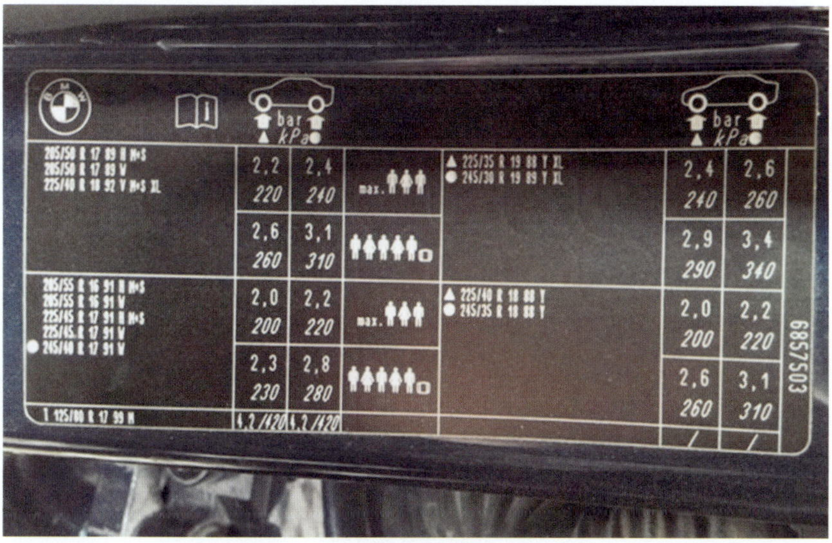

轮胎的胎压标牌

拆卸轮胎

20. 蘑菇钉法修补轮胎

（1）首先在扒胎机上拆下轮胎。

拆下轮胎

（2）使用打磨机把漏孔附近的气密层橡胶磨掉，使气密层变得粗糙。

将气密层橡胶磨掉

（3）使用压缩风枪将轮胎内侧的粉尘吹干净，然后使用锥子或电钻将漏孔扩大。

使用锥子或电钻将漏孔扩大

（4）在打磨好的区域涂上常温硫化剂，然后将蘑菇钉上的蓝色保护层拆开。

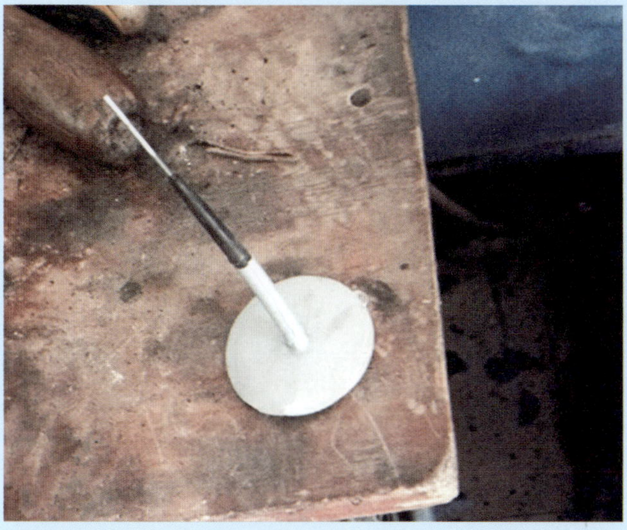

将蘑菇钉上的蓝色保护层拆开

（5）安装蘑菇钉。

1）在蘑菇钉内表面涂抹上胶水，然后把蘑菇钉的钢针从轮胎内部插进钉孔。

2）在轮胎外部用钳子钳住蘑菇钉的钢针，把蘑菇钉的柄从钉孔拉出，当蘑菇钉的冠部贴合轮胎气密层后即可停止抽拉。

3）使用滚轮对蘑菇钉的冠部来回滚压，使得蘑菇钉冠部和气密层贴合更加紧密。

安装蘑菇钉

磨菇钉修补轮胎

（6）最后使用剪刀将蘑菇钉上多余的柄剪切掉。

切掉蘑菇钉上多余的柄

安装轮胎

（7）检查修补区域，确保无泄漏后将其安装到车轮上即可。

安装好轮胎

21. 冷补法修补轮胎

（1）首先拆开轮胎，然后用一字螺钉旋具或类似的工具将漏孔清理干净。

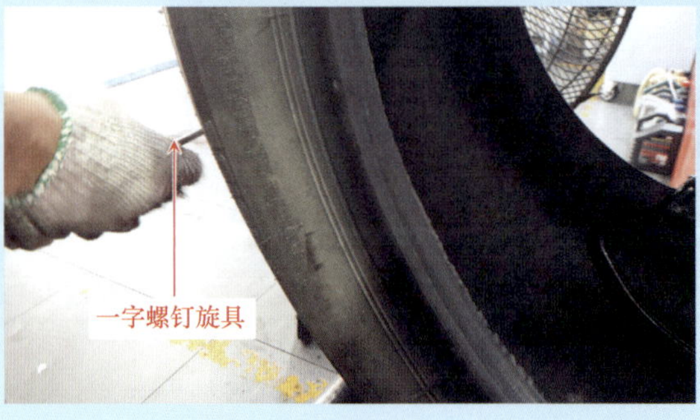

清理干净漏孔

（2）使用打磨机把漏孔附近的气密层橡胶磨掉，使气密层变得粗糙。

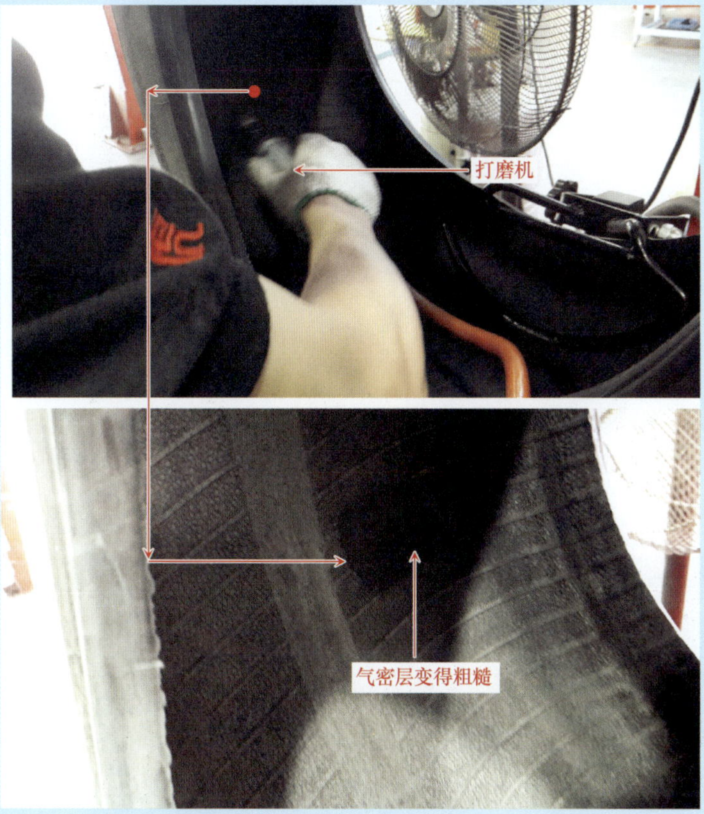

打磨机打磨漏孔的气密层橡胶

打磨漏孔的气密层橡胶

（3）使用清洁剂将打磨区域清洁干净，然后在打磨区域均匀涂上一层常温硫化剂。

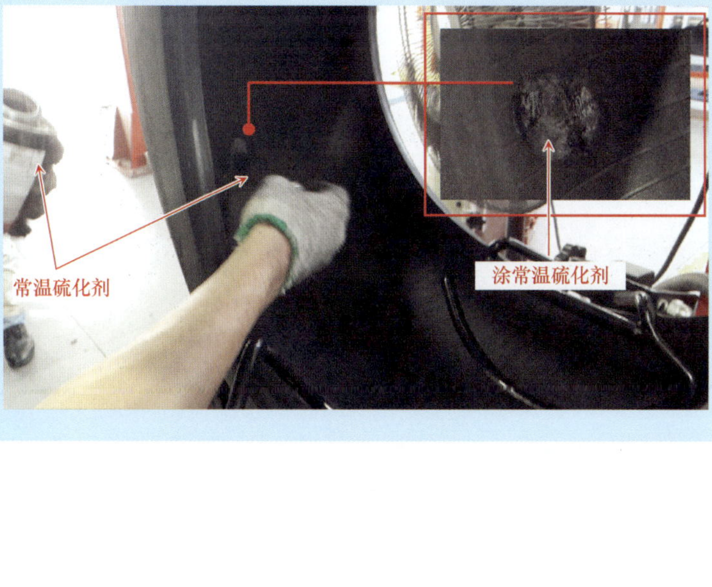

打磨区域涂常温硫化剂

涂常温硫化剂

（4）涂抹常温硫化剂 2 ~3min 之后准备好一块冷补胶片，然后将冷补胶片底部的保护层撕开。

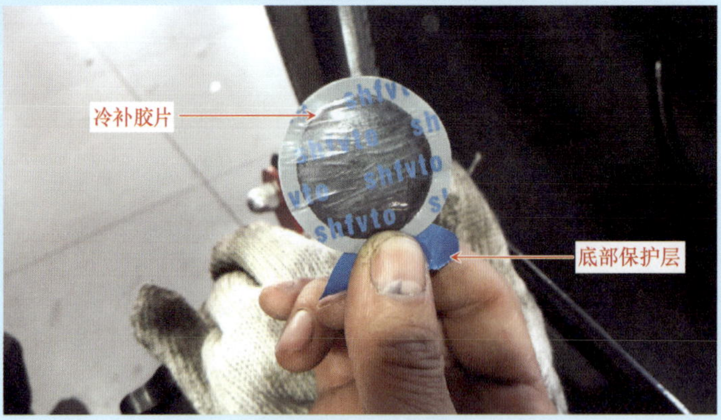

准备冷补胶片

贴冷补胶片

（5）在漏孔处小心地贴上冷补胶片。

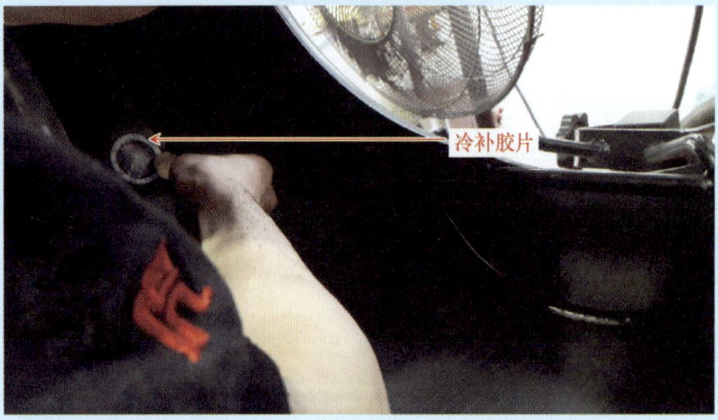

贴冷补胶片

（6）用滚轮在冷补胶片上面来回滚压，使冷补胶片和气密层粘合得更紧密。

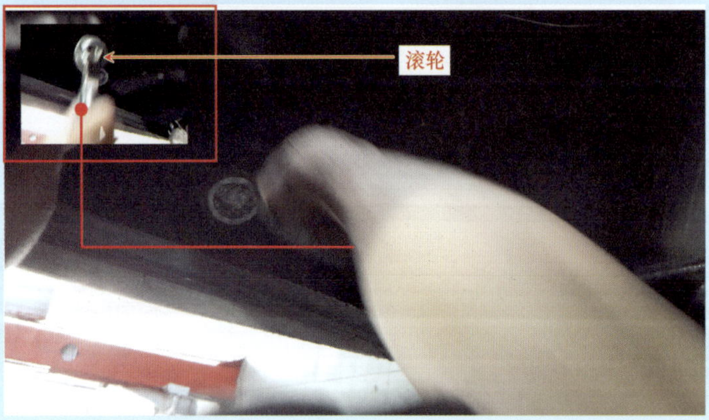

来回滚压冷补胶片

（7）撕掉冷补胶片上的塑料膜，然后在修补处再次均匀涂抹上一层常温硫化剂。

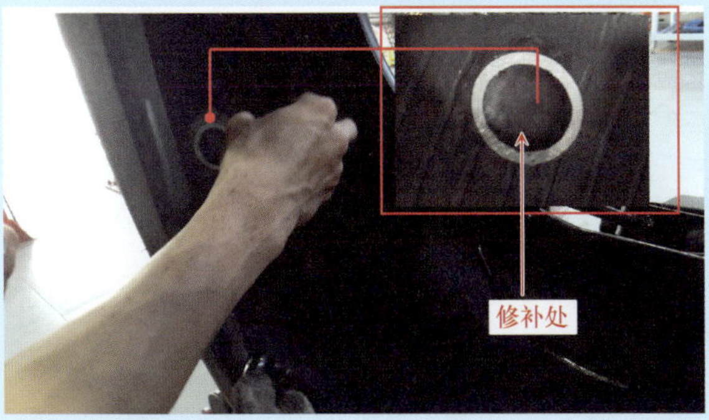

再次涂抹一层常温硫化剂

（8）检查修补区域，确保正常后将轮胎安装到轮辋上即可。

安装轮胎

滚压冷补胶片及涂常温硫化剂

相关知识

对于汽车轮胎漏孔小于3mm的一般采用常温硫化剂和冷补胶片进行修补。操作时先将漏孔内表面打磨粗糙，然后涂抹上常温硫化剂（可多涂些，但只涂一次），待2～3min后，用冷补胶片贴在胎内即可。注意：修补时也可

常温硫化剂

以在漏孔处补成双层，以提高修补强度，同时在胎内对称位置粘上同样大小的两层冷补胶片，以保持车轮平衡。

冷补胶片

22. 更换制动液

制动液直接关系到制动性能，与人车安全有着密切关系，车辆正常行驶时每 4 万 km 或 2 年更换一次制动液。

更换制动液切忌将不同型号、不同品牌之间的制动液混合使用。因为不同的制动液配方不同，如果混合使用会发生化学反应，造成制动液性能下降，严重的还会导致制动液失效。

（1）首先准备好制动液收集器，然后连接好压缩空气管。

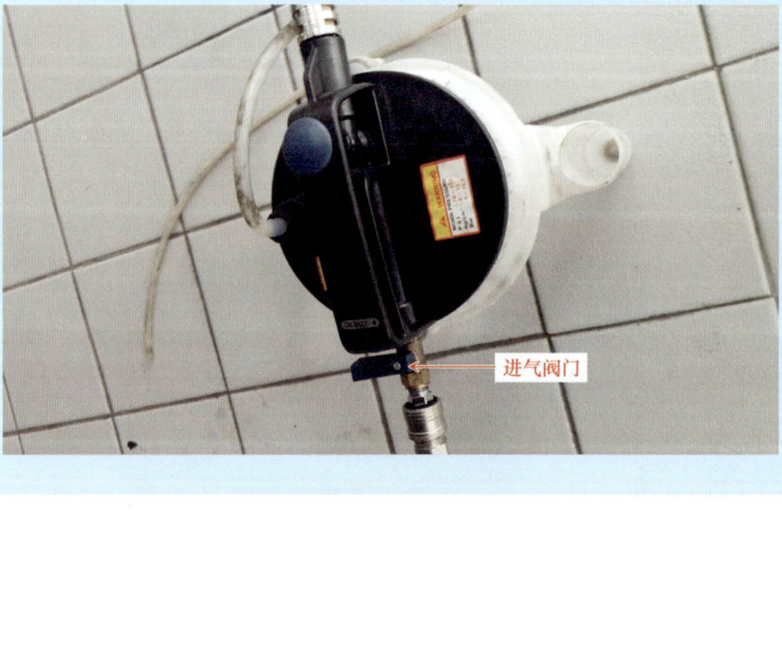

制动液收集器

（2）首先打开制动液储液罐盖，然后打开制动液收集器进气阀门，制动液收集器开始工作，将制动液收集器吸管插入制动液储液罐抽出制动液。要把制动液储液罐内的制动液尽可能地抽干净。

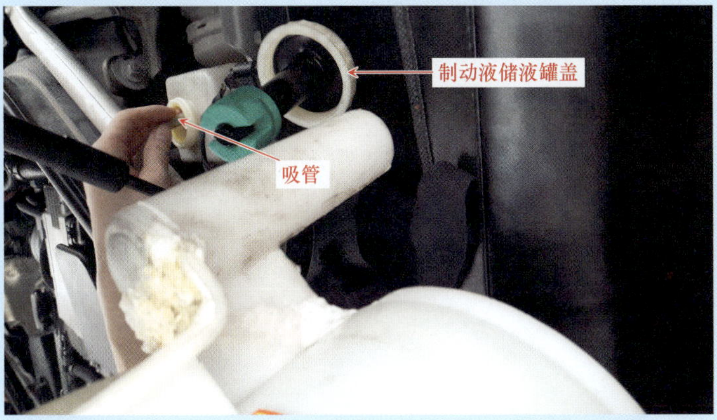

抽出制动液储液罐中的制动液

（3）使用尖嘴钳将制动液储液罐中的过滤网取出来，然后清洁干净并安装回去。

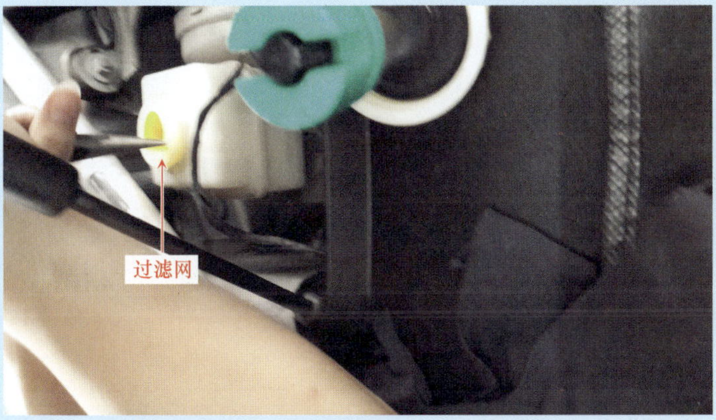

拆装制动液储液罐中的过滤网

（4）使用一个干净的漏斗向制动液储液罐添加新的制动液。

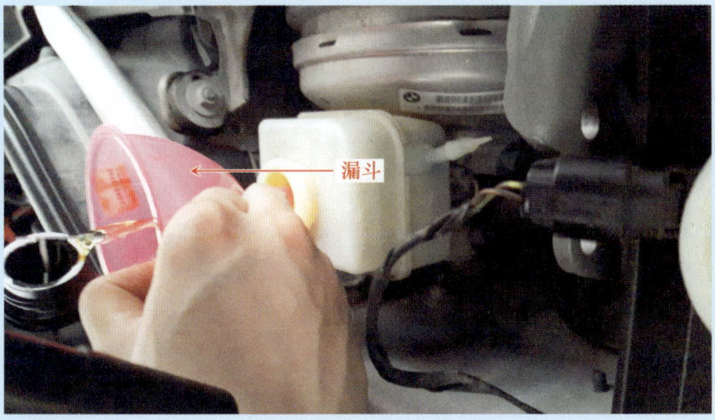

添加新的制动液

抽出制动液储液罐中的制动液

添加新的制动液

（5）安全地举升车辆，然后将制动液排气口螺栓上的防尘帽打开。

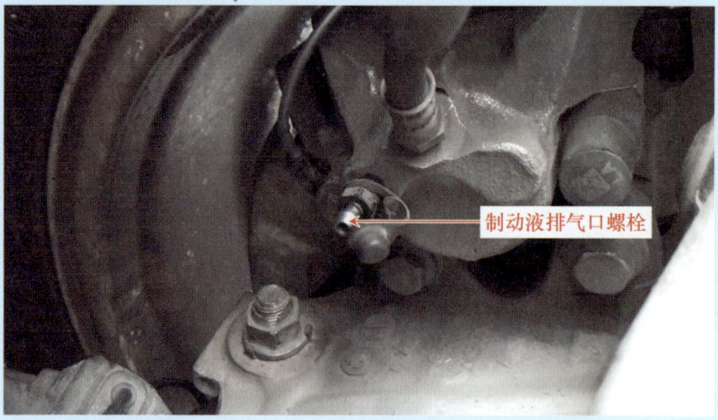

打开防尘帽

（6）使用扳手将制动液排气口螺栓拧松。

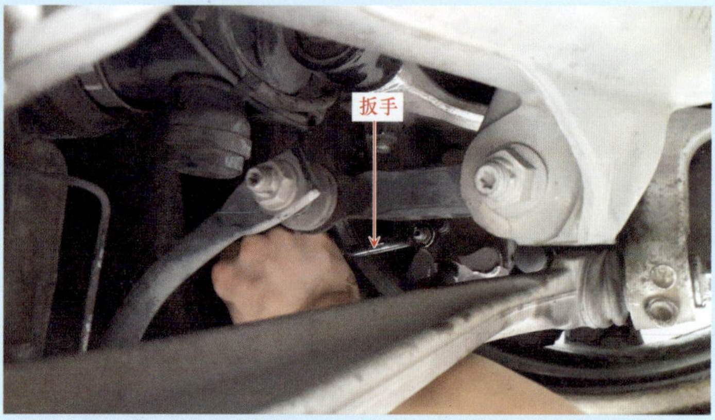

拧松制动液放油口螺栓

抽吸制动轮缸制动液

（7）为排气口螺栓接上橡胶软管，将废制动液收集到容器中，抽吸制动轮缸制动液5min左右，并随时添加制动液，直到观察到橡胶软管中的制动液颜色由深灰色或黑色变为半透明的黄色即可将排气口螺栓拧紧。用同样的方法对其他3个车轮进行处理即可。

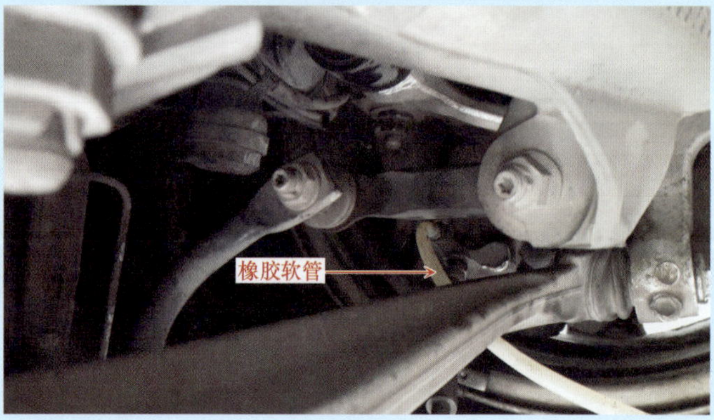

抽吸制动轮缸制动液

相关知识

1. 制动液检测仪

制动液检测仪是一款通过检测制动液中的含水量来判断制动液是否需要更换的手持汽车检测设备，可以用来检测 DOT3、DOT4 及 DOT5.1 制动液。以 DY23 制动液检测仪为例，它的结构如下：

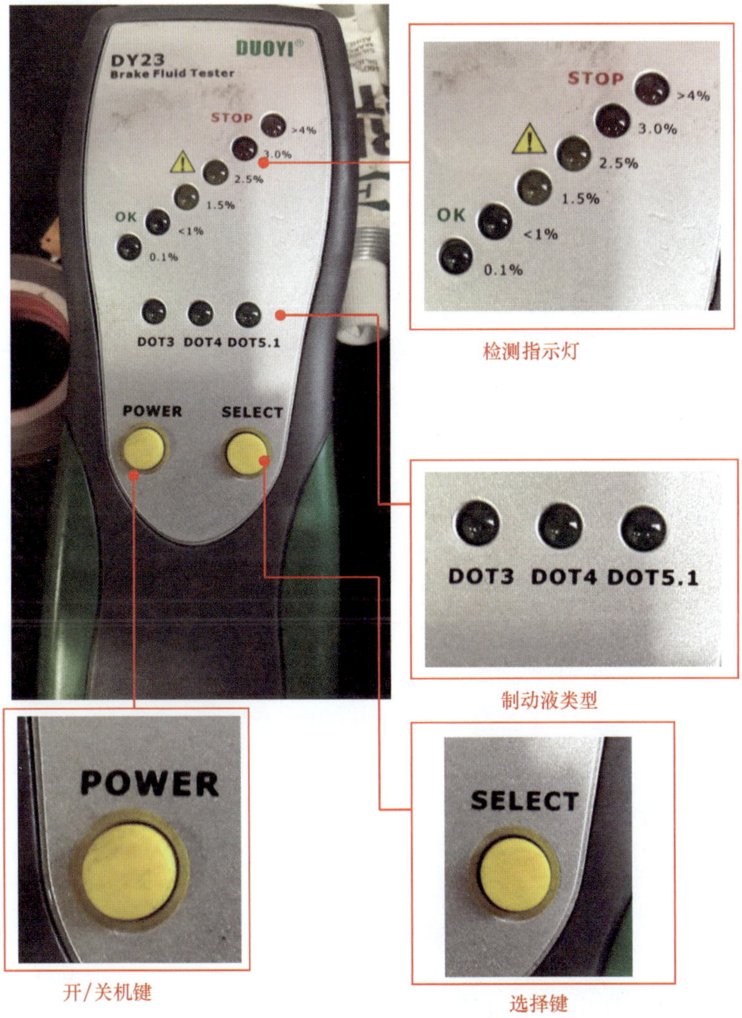

DY23 制动液检测仪

2. 检测制动液方法

（1）按下“POWER”开机键，所有指示灯闪亮一次，蜂鸣响 2s，制动液检测仪自检完成。

（2）按“SELECT”选择键，选择检测车辆所用的制动液类型（DOT3、DOT4 或 DOT5.1 其中的一种），且有状态指示灯指示。

（3）将检测探头擦拭干净放进制动液储液罐中，即可显示检测结果。

1）绿灯表示制动液含水量小于1%，制动液为合格状态。

2）第一个黄灯表示制动液含水量为1.5%左右，制动液需要更换。

3）第二个黄灯表示制动液含水量为2.5%左右，制动液需要更换。

4）第一个红灯表示制动液含水量为3%左右，此时的制动液不能再使用。

5）第二个红灯表示制动液含水量为4%左右，此时的制动液不能再使用。

（4）检测完成后按下“POWER”关机键，然后将检测探头擦拭干净，并将制动液检测仪置于工具箱中存放。

检测制动液

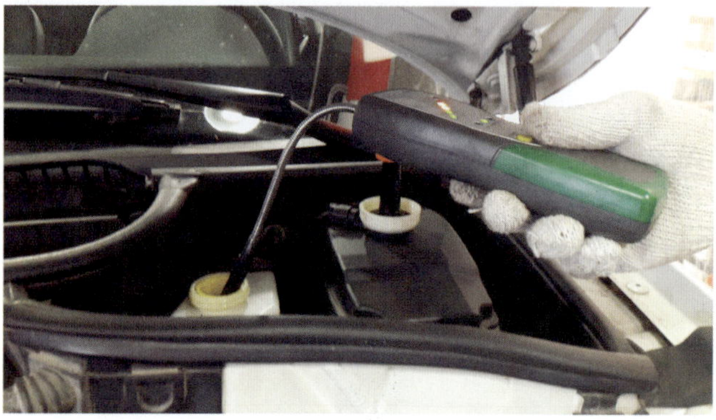

检测制动液

23. 更换助力泵油

助力泵油一般3年或6万km需要更换一次，更换助力泵油的方法如下。

拆卸助力泵储油罐

（1）首先用收集器将旧油吸干净，然后小心地将助力泵储油罐拆出。

拆出助力泵储油罐

（2）使用化油器清洗剂将助力泵储油罐清洗一遍，然后用压缩风枪将其吹干净，再将清洗干净的助力泵储油罐按照相反的顺序安装到转向液压油路中。

清洗干净的助力泵储油罐

（3）将新的助力泵油注入储油罐，然后来回转动转向盘，让新油渗透，这样也能起到清洗的作用。为了渗透得彻底，最好先大幅度地左右转动转向盘，再轻微地左右转动转向盘。注意：来回转动转向盘的目的是排出转向机里的旧油，但不要长时间将转向盘转到尽头，否则会导致助力泵油压过高，助力泵油将会喷出。

（4）再次将助力泵储油罐中的油吸走，然后注入新的助力泵油，随后，再次转动转向盘。之后将助力泵油吸走，这种反复操作的目的是确保旧油被完全清除干净，然后注入新助力泵油即可。

清洗助力泵储油罐

添加新的
助力泵油

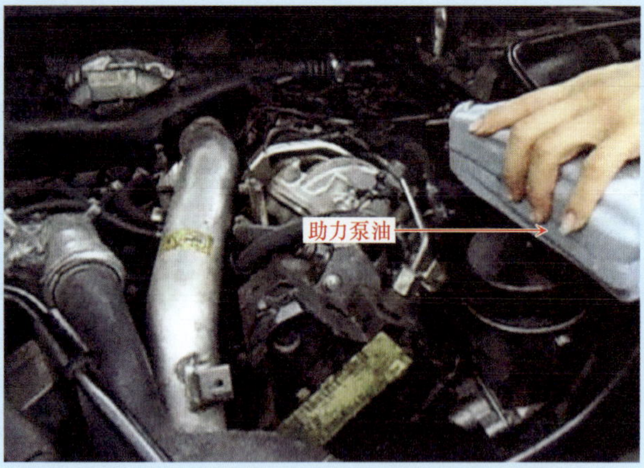

添加新的助力泵油

24. 空气弹簧的检查

（1）向空气弹簧喷泡沫水，然后观察空气弹簧表面是否有泡沫产生，如果有则确定空气弹簧有泄漏。

（2）用手捏空气弹簧，如果空气弹簧气流有微量的变化，则说明空气弹簧器底部有泄漏。

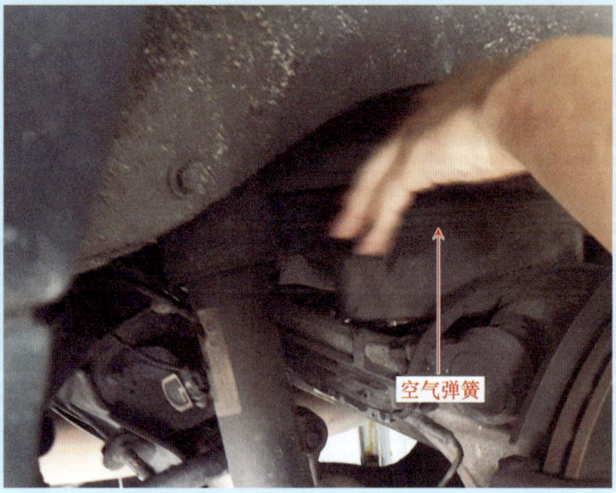

用手捏空气弹簧

相关知识

（1）空气悬架系统结构。空气悬架系统一般由空气弹簧、减振器、导向结构、空气供给单元（如空气压缩机、空气分配阀、气管、储气罐等）、车身高度传感器、控制单元等组成。

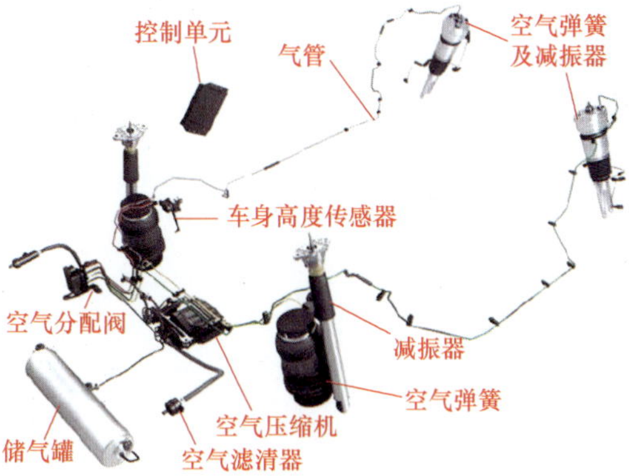

空气悬架系统结构示意图

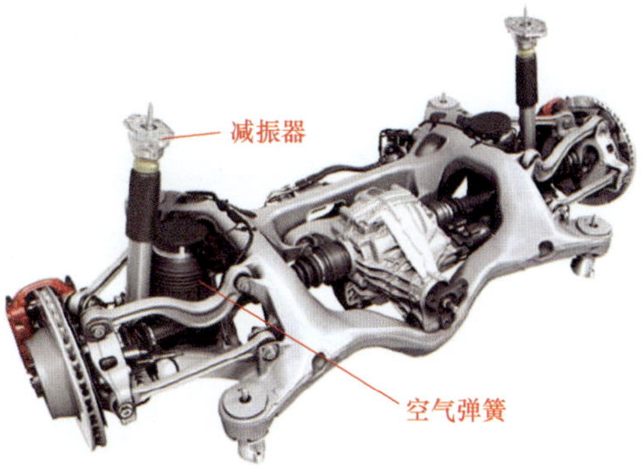

带有空气悬架系统的后桥结构示意图

(2) 空气悬架系统工作原理。空气悬架系统在工作时利用空气压缩机形成压缩空气，并将其送到空气弹簧和减振器的空气室中，以此来改变汽车的高度、悬架阻尼，使空气悬架系统具有接近理想的动态弹性特性。在前轮和后轮的附近设有车身高度传感器，按传感器的输出信号，控制单元判断出车身高度的变化，再控制空气压缩机和排气阀，使弹簧压缩或伸长，从而起到减振的效果。

(3) 空气悬架系统作用。

1) 运动状态时，可实现车身高度的自动调节。

2) 空气弹簧具有相对恒定的低自然振动频率，可以提高汽车行驶的平顺性。

3) 减振器的衰减力可变，提高舒适性。

4) 当汽车发生偏载时，汽车仍可以保持水平。

5) 高速过弯时，外侧车轮的空气弹簧和减振器就会自动变硬，以减小车身的侧倾。

6) 在紧急制动时控制单元也会对前轮的弹簧和减振器硬度进行加强以减小车身的惯性前倾。

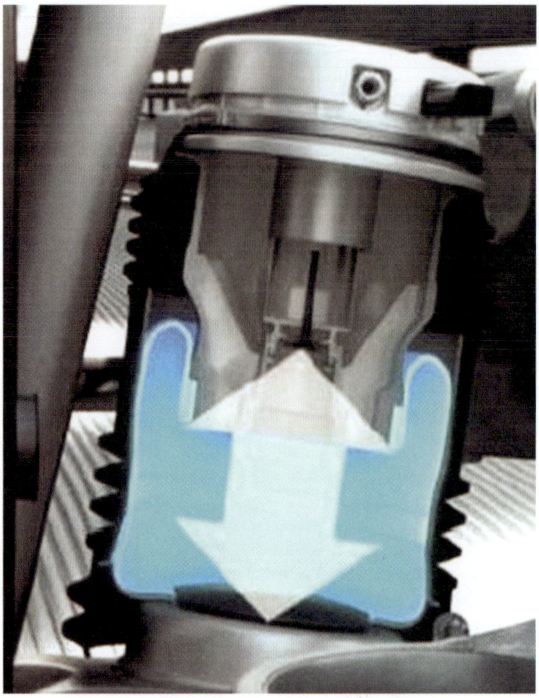

小空气量空气悬架工作示意图

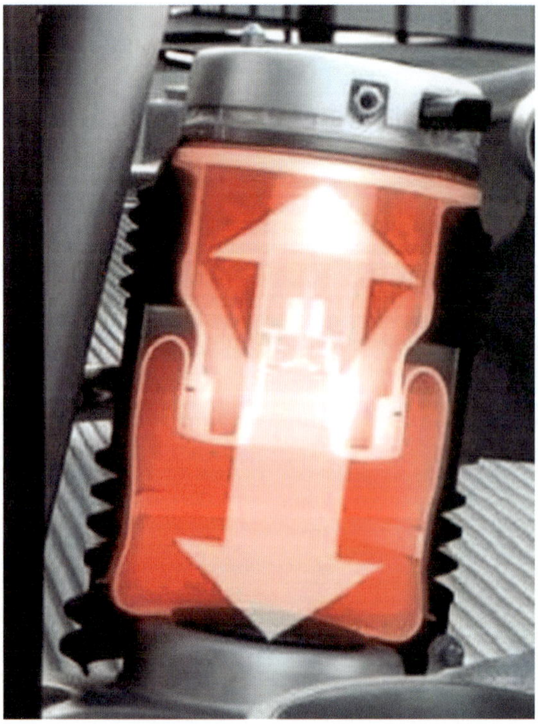

大空气量空气悬架工作示意图

25. 空气弹簧气管的更换

（1）首先对空气弹簧进行泄压，然后将空气弹簧拆出。

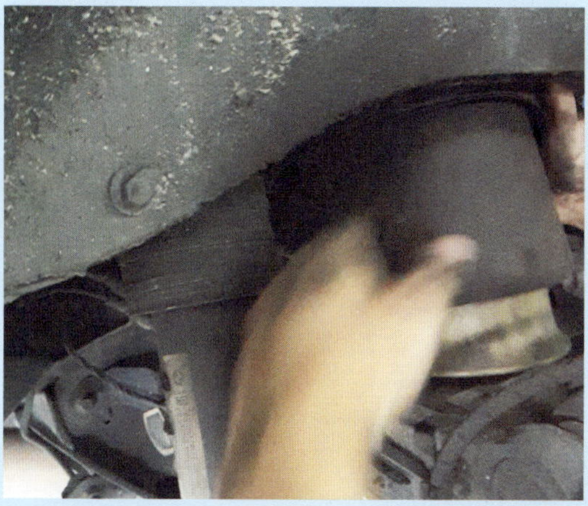

拆卸空气弹簧

（2）从空气弹簧上拆下气管接头。

拆卸气管接头

（3）在底盘下面找到空气分配阀，然后将空气分配阀上的右后气管接头拆开，将右后气管取出。

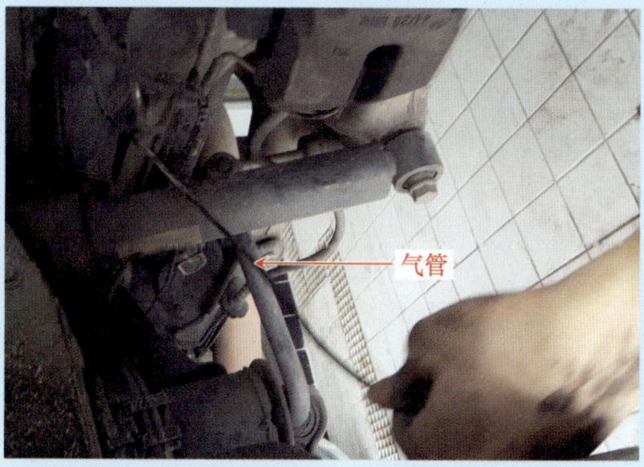

取出右后气管

拆卸右后空气管

安装空气管接头

（4）使用新的气管穿入空气弹簧保护套内，然后在气管的两端安装上气管接头。

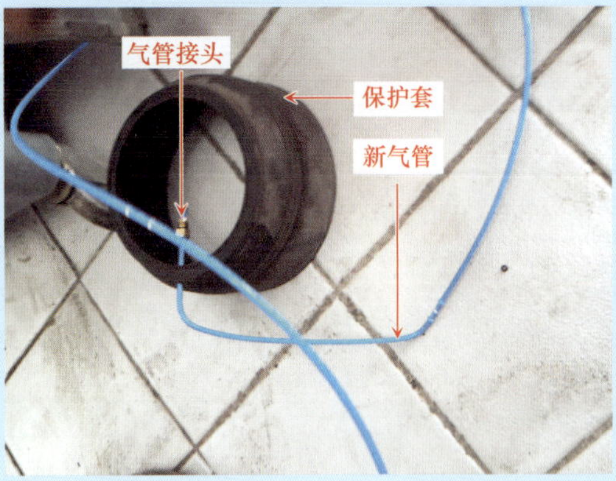

在气管的两端安装上气管接头

（5）将气管按照原来位置穿入底盘位置，然后将空气弹簧保护套套入空气弹簧内，再把气管接头接到空气弹簧上。

把气管接头接到空气弹簧上

（6）两手向中间压缩空气弹簧，目的是让其自然放入空气弹簧座内。

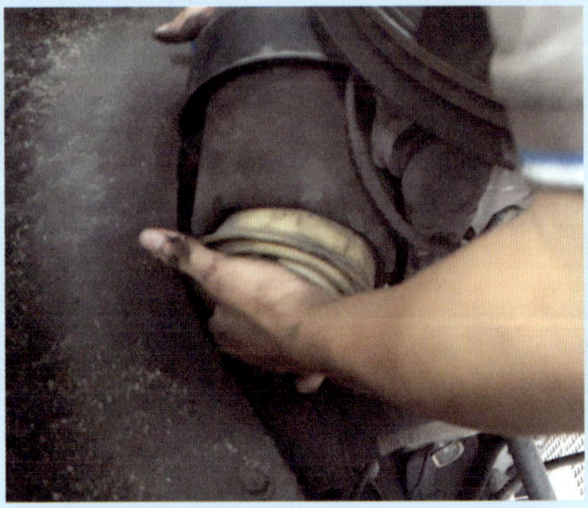

两手向中间压缩空气弹簧

（7）将空气弹簧放入空气弹簧座内，然后用压缩风枪向气管的另一端慢慢注入空气，使空气弹簧膨胀自然落入空气弹簧座的孔内。

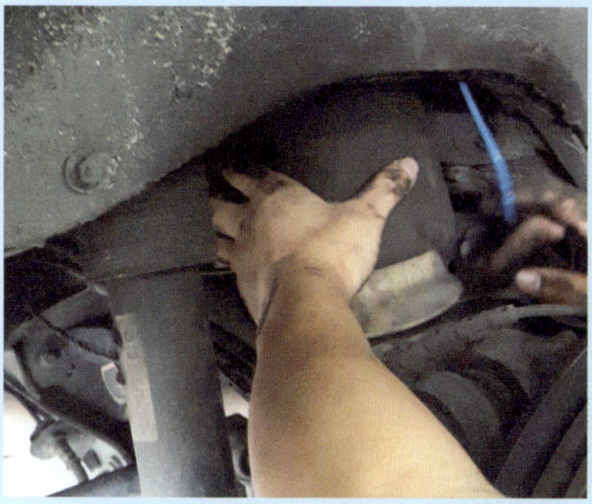

安装空气弹簧

安装空气管
及空气弹簧

（8）将气管的另一端接到空气分配阀上，然后将气管按照原来的位置固定好即可。

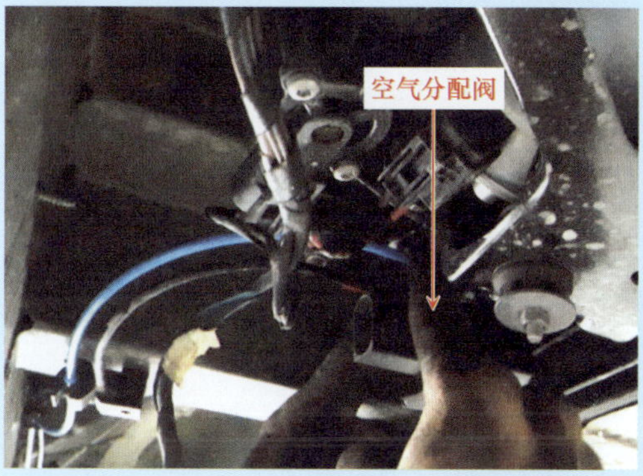

将气管的另一端
接到空气分配阀上

26. 更换空气弹簧

（1）首先对空气弹簧进行泄压，然后将旧的空气弹簧拆下。

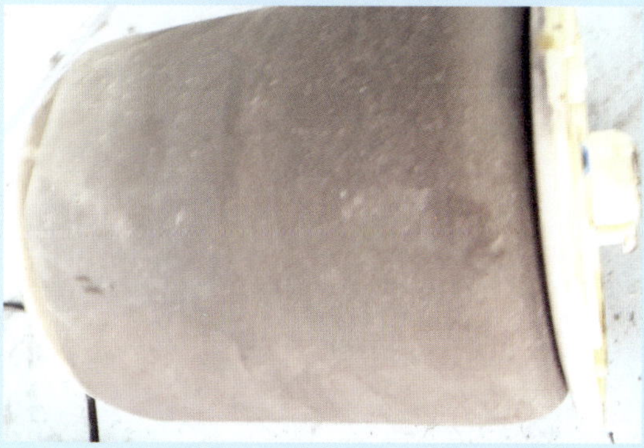

拆下旧的空气弹簧

压缩新的
空气弹簧

（2）向新的空气弹簧注入一定量的空气，然后两手向中间压缩新的空气弹簧，将其自然放入空气弹簧座内。

压缩新的空气弹簧

安装新的
空气弹簧

（3）按照拆卸相反的顺序安装好新的空气弹簧。

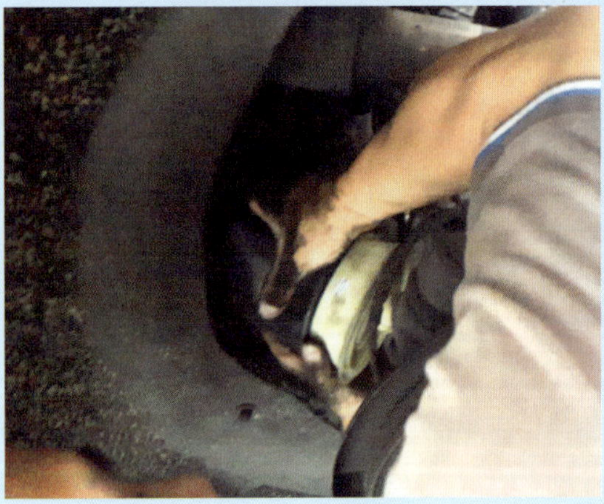

安装新的空气弹簧

第 3 章　汽车空调的养护

27. 更换空调滤清器

（1）首先找到空调滤清器，它位于发动机舱左上方（车型不同，空调滤清器的位置有所差异，有些车型位于副驾驶位置的杂物箱内）。

空调滤清器位置

（2）使用套筒松开固定空调滤清器盖子四周的紧固螺钉。

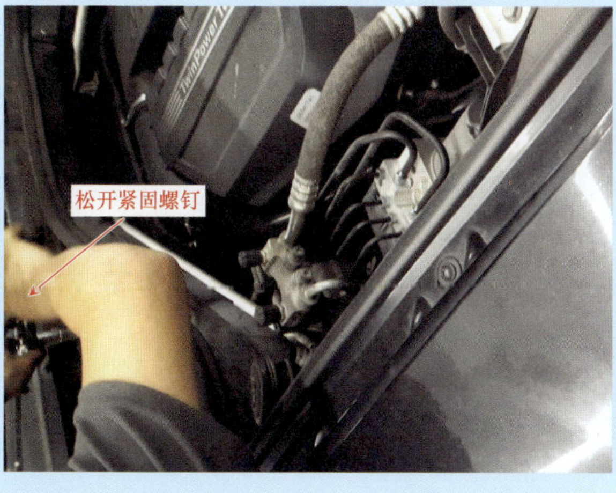

松开空调滤清器盖子的紧固螺钉

（3）拔开发动机舱边沿一端的密封胶条。

拔开密封胶条

（4）小心地取下空调滤清器盖子。

取下空调滤清器盖子

（5）把空调滤清器盒子给拿出来。

取出空调滤清器盒子

拆卸空调滤清器

（6）从空调滤清器盒子中间抽出两块空调滤清器。

拆出空调滤清器

（7）将空调滤清器盒子及空调滤清器盒子底座擦拭干净，然后将新的空调滤清器装在盒子内，再按照相反的顺序将空调滤清器盒子和空调滤清器盖子安装好即可。

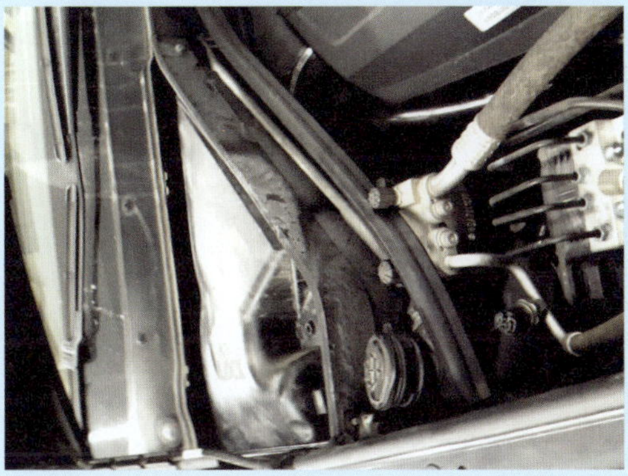

安装好空调滤清器盒子

28. 空调系统的清洗

（1）打开副驾驶位置的杂物箱，然后取出空调滤清器。

取出空调滤清器

（2）打开车窗，然后起动发动机，并按下A/C空调开关，把风量调到最大，再将空调调至外循环工作状态。

起动发动机

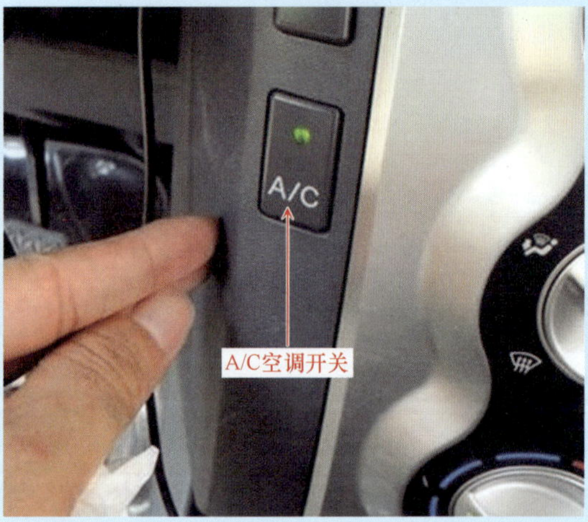

打开空调

风量调到最大

调至外循环

（3）打开发动机舱，然后从进气口喷入空调泡沫清洗剂。大概用掉 1/3，停一会，再反复几次，当喷完后，继续让空调外循环运转 15min 左右，最后关闭发动机并关闭空调即可。

喷入空调泡沫清洗剂

（4）关闭车门窗，然后起动发动机，打开空调，把风量调到最大，之后调至内循环。

空调内循环工作

（5）在各个出风口喷入空调泡沫清洗剂进行清洗，然后继续让空调内循环运转 15min 左右，最后关闭发动机并关闭空调。

各个出风口喷入空调泡沫清洗剂

（6）重新安装好空调滤清器，再使用干净的抹布将各个出风口擦拭干净即可。

安装空调滤清器

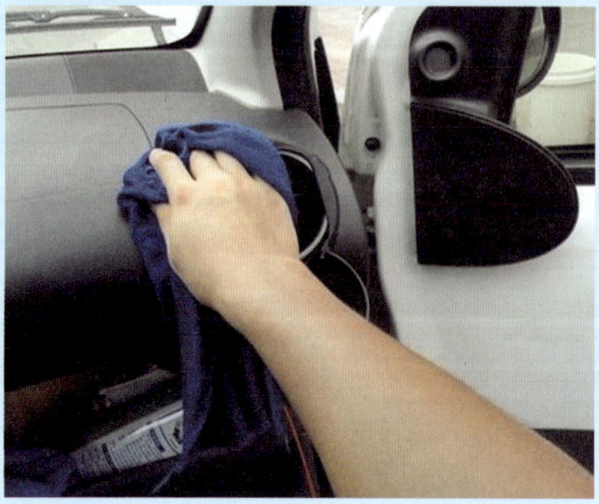

擦拭干净各个出风口

29. 汽车空调常规检漏

（1）将空调歧管压力表上的红、蓝软管分别接到空调管路高压、低压阀上。

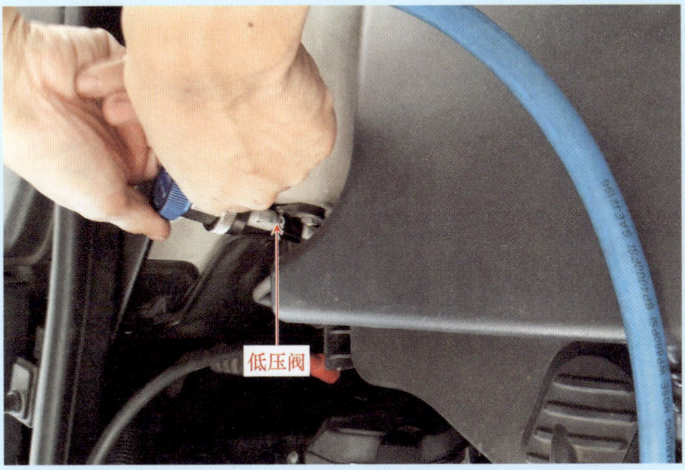

连接空调歧管压力表

连接空调歧管压力表

（2）将空调歧管压力表的黄色软管接到真空泵排气口上，然后打开真空泵的电源开关给空调系统加压，同时要观察空调歧管压力表，避免压力过高导致制冷管路爆裂。

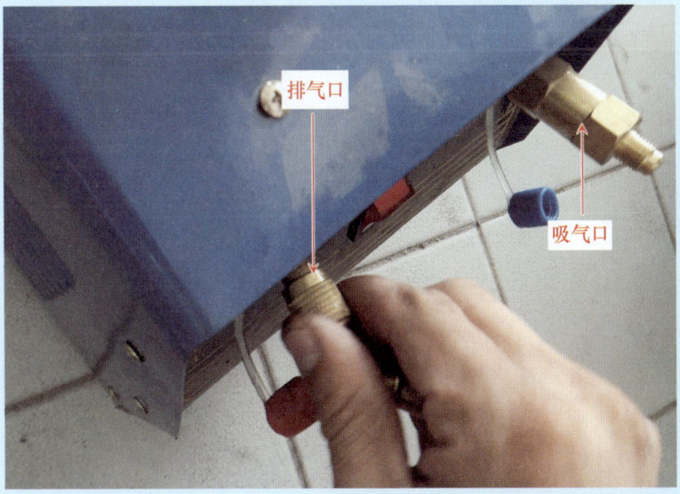

连接真空泵排气口

给空调系统加压

（3）当空调系统充入1800kPa（注意：压力越高越容易找到泄漏，但容易造成空调管路爆裂）左右压力时，保持1h观察高、低压表的指针的偏转幅度，如果比较大，说明系统有泄漏，应排除泄漏部位；如果高、低压表的指针没有变化，则系统正常。

注意：气体压差简易检漏只能确定系统是否泄漏而不能准确地找到漏点，并且在进行气体压差检查之前，要保证歧管连接管路密封性良好。

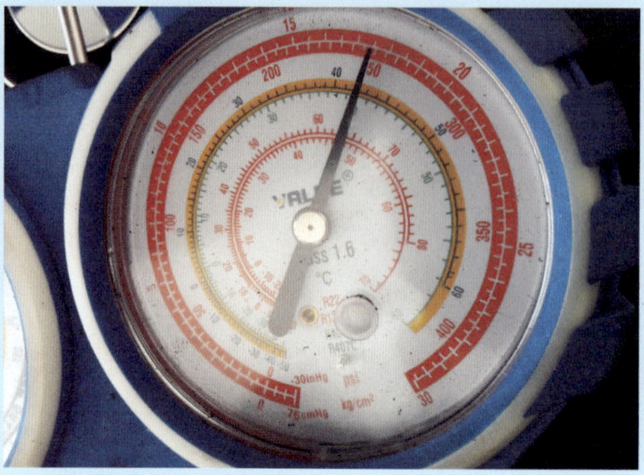

空调系统泄漏检查

相关知识

排除汽车空调系统泄漏故障，除了前面的气体压差检漏法外，还有目测检漏法、肥皂水检漏法、加压浸水检漏法、电子检漏法、荧光检漏法等，具体方法如下：

（1）目测检漏法就是对制冷系统的管路、插接器及零部件进行全面观察，查找系统某处是否有油迹、管路是否出现破裂以及磨损的情况。

（2）肥皂水检漏法就是用肥皂水涂或喷在空调管路、制冷系统零部件（如冷凝器、压缩机表面等）的检测部位，若冒泡则说明该部位有泄漏，应检修或更换。

（3）加压浸水检漏法是将要检漏的部件（如高、低压管、蒸发器、冷凝器、压缩机等）拆下，然后堵住一个端口，另一端口接到高压气源上，压力大约为600kPa；将检测部件放入清水中，仔细观察部件表面有无气泡冒出，若气泡冒出说明泄漏。

（4）电子检漏法就是用探嘴对着有空调系统可能渗漏的地方移动，当电子检漏仪发出警报时，即表明此处有泄漏。

（5）荧光检漏法就是将荧光剂按一定比例加入到系统中，系统运行20min后戴上专用眼镜，然后用检漏灯照射制冷系统的外部，如果呈明亮的黄色荧光，表明该处出现泄漏。

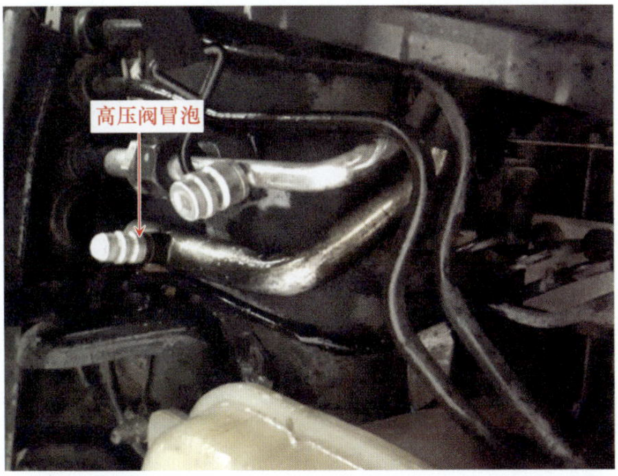

肥皂水检漏法

肥皂水检漏法

30. 汽车空调抽真空

（1）将空调歧管压力表上的红、蓝软管分别接到空调管路高压、低压阀上。

连接空调歧管压力表

（2）打开空调歧管压力表高、低压手动阀，然后将黄色软管接到真空泵吸气口上，打开真空泵的电源开关，此时真空泵高速运转，开始抽出空调循环管路内的空气并排入大气中。

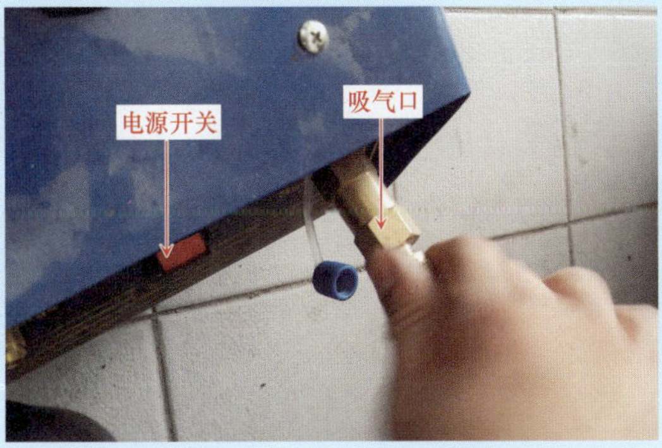

将黄色软管接到真空泵吸气口

空调系统抽真空

（3）抽完真空后关闭高、低压手动阀，并关闭真空泵电源开关，真空泵停止运转。使空调系统静止状态维持 5 ~10min，查看压力表的读数是否上升，如稳定不变，说明空调系统密封性良好，完成抽真空操作。一般情况下 10min 内指针的上升率要小于 3kPa，否则说明有空调系统泄漏处，应修复后再抽真空。

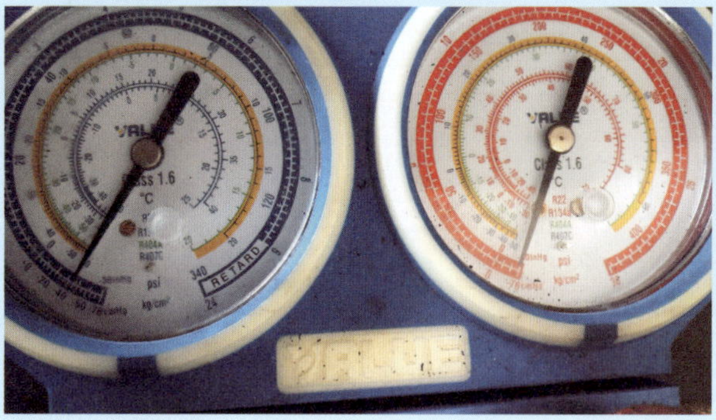

保压测试

相关知识

空调系统排放制冷剂

汽车空调在抽真空或加压检漏之前均要将空调内的制冷剂排放干净，排放制冷剂注意事项如下：

（1）排放制冷剂时要在通风的环境中进行，最好戴上防护眼镜和手套，防止制冷剂排出溅入眼睛或冻坏手。

（2）排放制冷剂时，首先要将歧管压力表连接到空调高压、低压阀上，同时将黄色软管插入盛有水的容器中，然后要缓慢打开低压手动阀来排放制冷剂（其目的是防止压缩机油跟随制冷剂一起排出），最后缓慢打开高压手动阀即可排干净制冷剂。

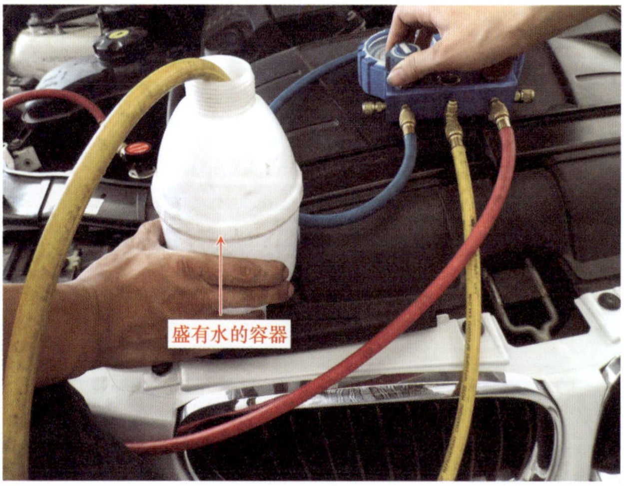

空调系统排放制冷剂

31. 汽车空调添加冷冻机油

（1）首先对空调系统进行抽真空。

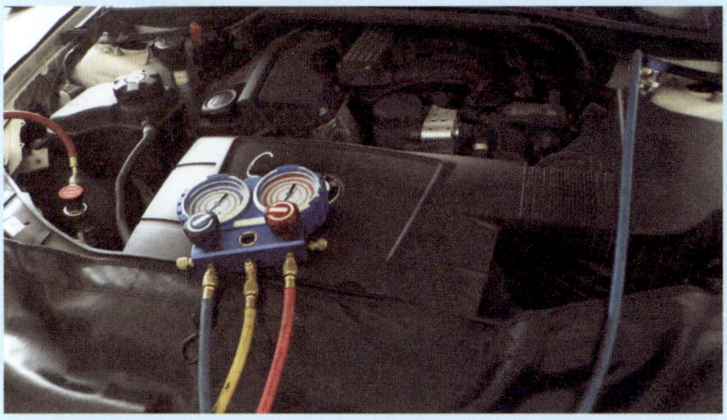

空调系统进行抽真空

（2）将需要加注的冷冻机油倒入量杯或类似的量器内。

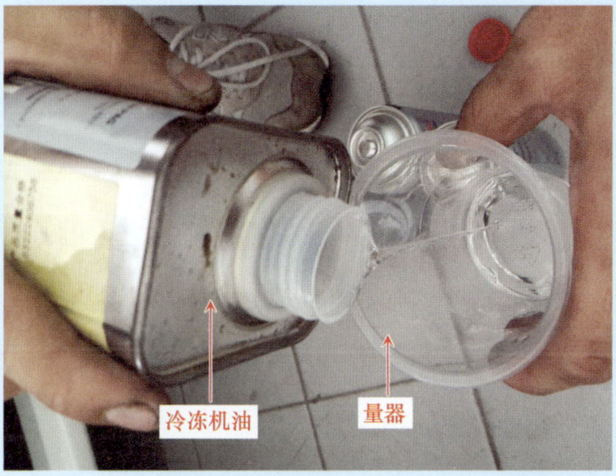

冷冻机油

（3）首先关闭空调歧管压力表的低压手动阀，然后拆下与空调歧管压力表连接一端的蓝色软管，再把蓝色软管插入量杯（或冷冻机油瓶）中吸取冷冻机油。

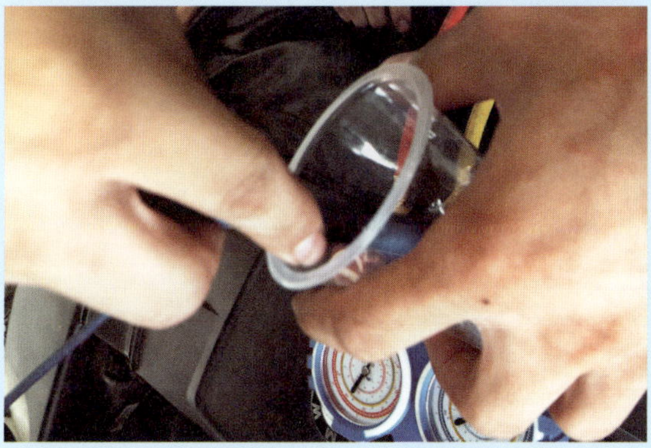

吸取冷冻机油

给空调添加
冷冻机油

(4) 将蓝色软管装回空调歧管压力表并打开低压手动阀继续抽真空，抽毕即可进行添加制冷剂。

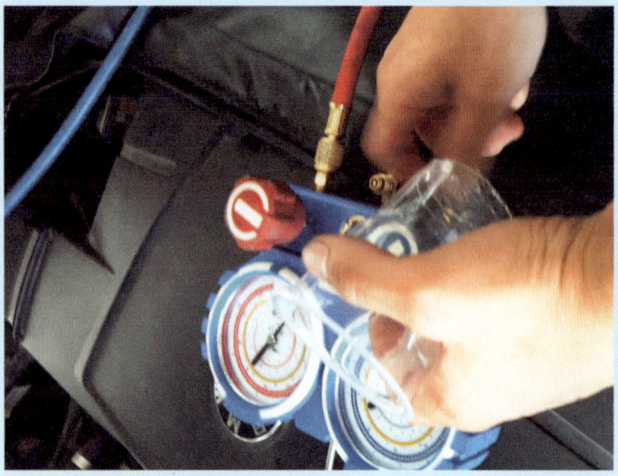

将蓝色软管装回空调歧管压力表

相关知识

(1) 冷冻机油的凝固点要低，在低温下具有良好的流动性。

(2) 冷冻机油应具有一定的黏度，且受温度的影响要小。

(3) 冷冻机油与制冷剂的溶解性能要好。

(4) 冷冻机油的闪点温度要高，具有较高的热稳定性，即在高温下不氧化、不分解、不结胶、不积炭。

(5) 冷冻机油要求不易挥发。

(6) 冷冻机油的化学性质要稳定。

(7) 冷冻机油应无水分。

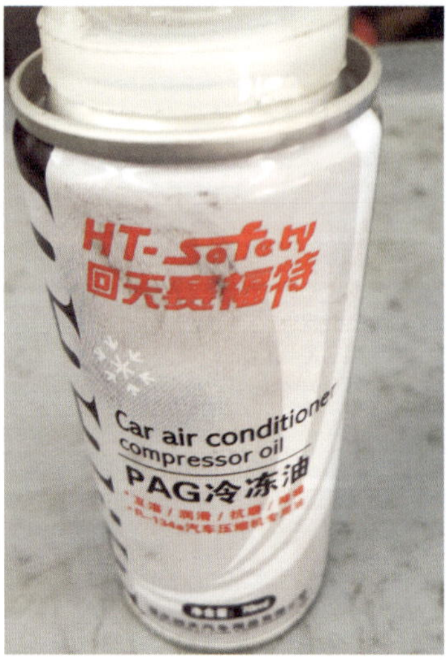

冷冻机油

32. 汽车空调添加制冷剂

（1）关闭高、低压手阀门，从真空泵接头上取下黄色软管连接到制冷剂开瓶阀上。

黄色软管连接到制冷剂开瓶阀上

（2）将制冷剂开瓶阀安装到制冷剂瓶上，然后旋转制冷剂开瓶阀上的阀门，刺破制冷剂瓶，从而排出制冷剂。

打开制冷剂开瓶阀

（3）用手压下放气针阀，直至听到“丝丝”声，目的是将制冷剂瓶至空调歧管压力表间的黄色软管存留空气释放。

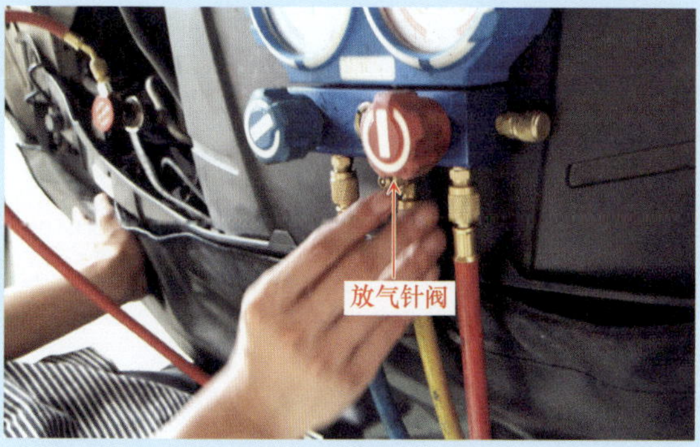

用手压下放气针阀

（4）缓慢打开空调歧管压力表低压手动阀，使制冷剂进入空调系统低压管路中。

缓慢打开空调歧管压力表低压手动阀

给空调加注制冷剂

（5）起动发动机并让其怠速运转，接通空调（A/C）开关，将鼓风机开关开至最大，温度控制开关调至最低，让制冷剂更加容易进入空调系统，当制冷剂瓶内的制冷剂排空时，即可关闭低压手动阀。

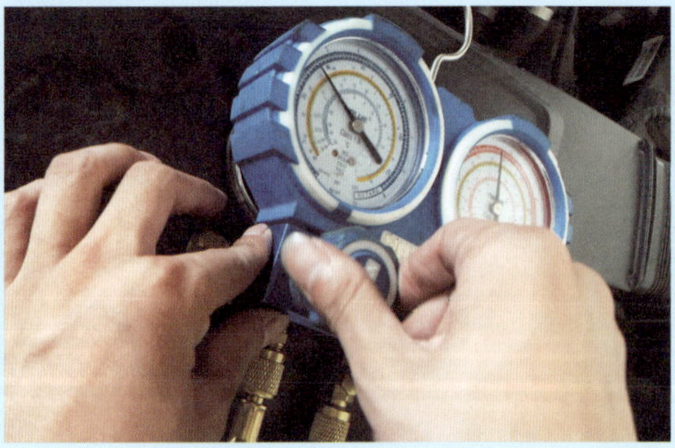

关闭空调歧管压力表低压手动阀

查看制冷剂低压表和高压表的压力值

（6）观察空调系统高、低压表压力数值，一般发动机在 1250 ~1500r/min 时，低压表应为 200 ~250kPa，高压表应为 1200 ~1500kPa 为正常，如果制冷剂不足则应采用（2）~（5）同样的步骤添加制冷剂，直至充注量达到规定值为止（车型不同加注量有所差异）。

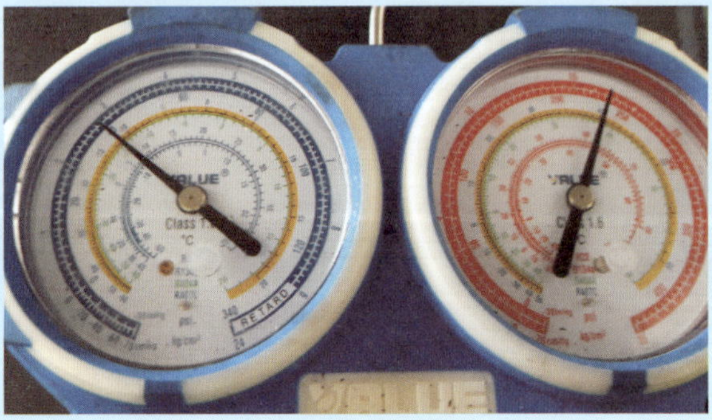

制冷剂低压表和高压表压力值

（7）关闭空调系统，分别取下空调歧管压力表连接软管。

取下空调歧管压力表连接软管

拆卸歧管压力表

（8）使用喷水壶在高、低压管路阀门上喷上泡沫，检查高、低压管路阀门是否有制冷剂泄漏。

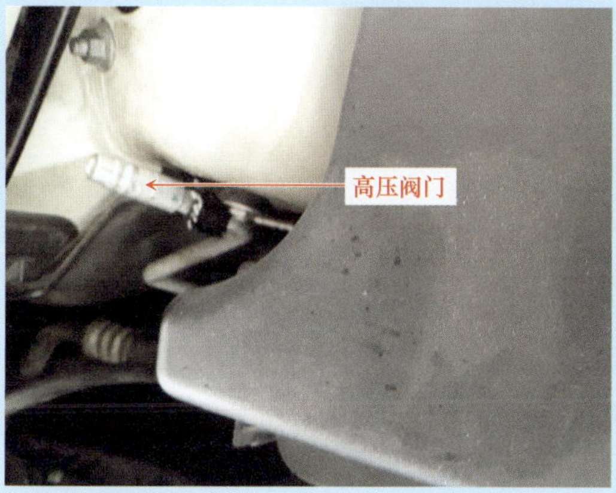

在高、低压管路阀门上喷上泡沫

（9）如果高、低压管路阀门没有泄漏，则将防尘帽旋入高、低压管路的阀门，即可完成制冷剂的加注。如果高、低压管路接口有泄漏，则应进行维修。

将防尘帽旋入高、低压管路的阀门

相关知识

1. 制冷剂的选择

（1）选用的制冷剂要符合国标制冷剂要求。

（2）目前汽车空调均采用 R134a 制冷剂，要选择正规厂家生产的制冷剂，这样才能确保制冷系统功能正常。

R134a 制冷剂

2. 制冷剂的加注方法

制冷剂的加注方法，主要有高压端加注制冷剂和低压端加注制冷剂两种，前面为低压端加注制冷剂操作方法，下面介绍高压端加注制冷剂方法：

（1）当系统抽真空之后，关闭歧管压力表上的高、低压手动阀。

（2）将中间黄色软管的一端与制冷剂开瓶阀的接头连接起来，打开制冷剂开瓶阀，用手压下放气针阀，直至听到“丝丝”声，让气体溢出，清除管路中的空气。

（3）拧开高压侧手动阀至全开位置，将制冷剂瓶倒立，以便从高压侧充注液态制冷剂。

（4）从高压侧注入规定量的液态制冷剂，当添加到规定容量时，迅速关闭制冷剂开瓶阀，并关闭高压手动阀，加注结束。注意：从高压侧向制冷系统加注制冷剂时，不能起动发动机，更不可拧开歧管压力表上的低压手动阀，以防产生液击、甚至空调管路爆炸。

将制冷剂瓶倒立

第4章　汽车电气系统养护

33. 蓄电池的检查

观察蓄电池指示器的状态

（1）首先观察蓄电池指示器的状态，当指示器呈现出绿色时，表明蓄电池正常；当指示器呈现出黑色时，表明蓄电池需要补充充电；当指示器呈现无色透明或浅黄色时，表明蓄电池内部有故障，应更换蓄电池。

观察蓄电池指示器的状态

用数字万用表测试蓄电池电压

（2）将数字万用表两表笔分别接在蓄电池的正、负极上，然后观察数字万用表的电压读数（如果数字万用表两表笔正负极与蓄电池正负极接反，电压读数会显示为负值），对于12V蓄电池如果电压接近12V表明蓄电池正常，否则应对蓄电池进行充电或更换蓄电池。

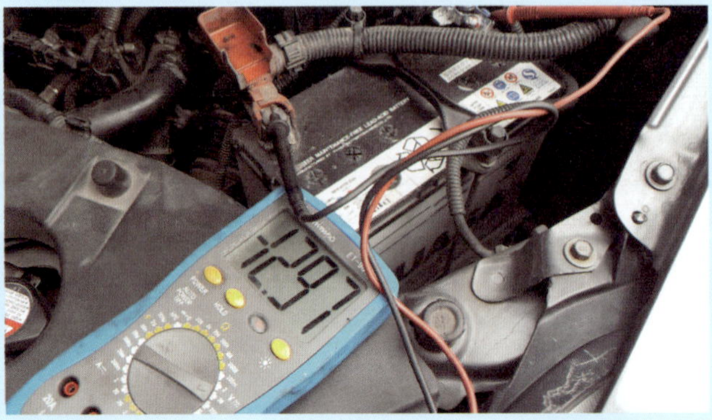

数字万用表测试蓄电池电压

相关知识

使用蓄电池专用检测仪分析蓄电池的故障，具体操作方法如下：

（1）首先将蓄电池专用检测仪红色夹钳接到蓄电池正极（+）接线柱或电缆上，黑色夹钳接到蓄电池负极（-）接线柱、搭铁或电缆上。

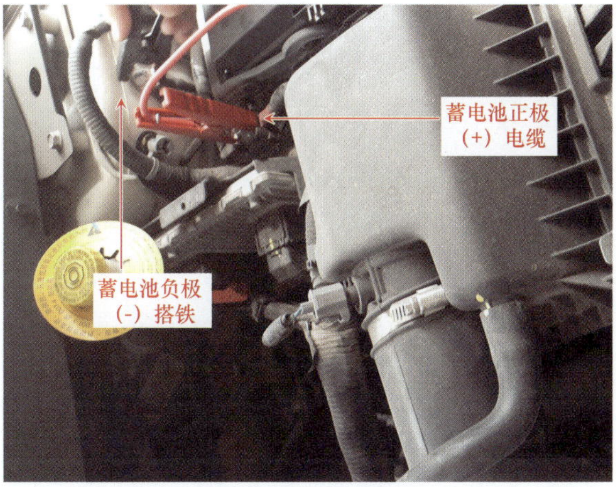

连接蓄电池专用检测仪

（2）按下 ENTER 键之后，蓄电池专用检测仪将自动分析蓄电池的测试参数，根据屏幕上显示的结果可以快速了解蓄电池的技术状态。

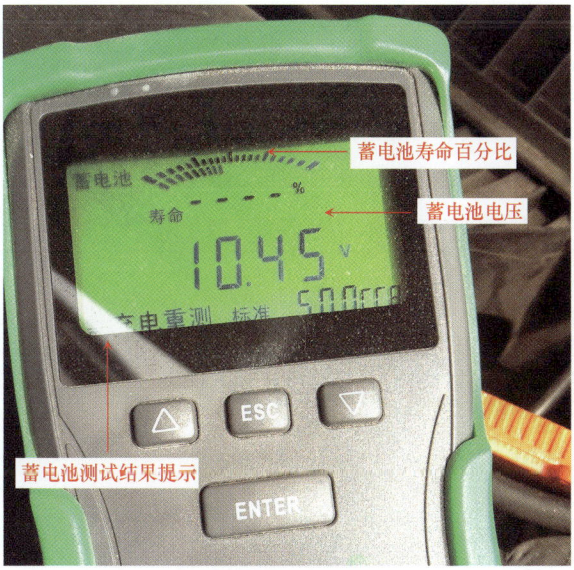

蓄电池的技术状态

用蓄电池专用检测仪检测蓄电池

34. 蓄电池的更换

（1）首先使用一个备用蓄电池跟车上的蓄电池（两极）并联起来。

备用蓄电池跟车上的蓄电池并联

（2）拆掉蓄电池的负极，然后拆蓄电池的正极；安装蓄电池时首先安装正极电缆，然后安装负极电缆，千万要分清蓄电池的正、负极，避免安装错误烧坏汽车电脑。

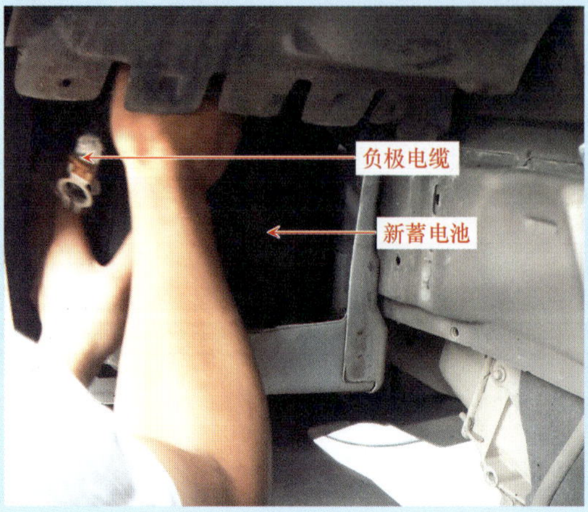

拆装蓄电池

拆卸蓄电池

相关知识

拆装蓄电池应注意以下事项：

(1) 蓄电池正极接线电缆为红色标识，负极接线电缆为黑色标识，拆装蓄电池必须要分清蓄电池正负极性。

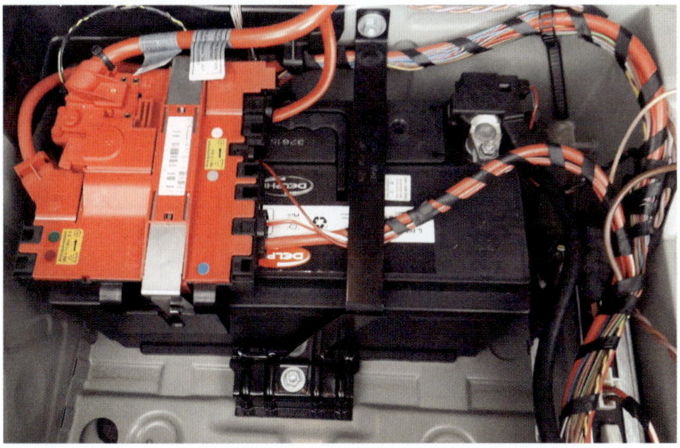

分清蓄电池正、负极接线电缆

(2) 安装蓄电池时，应先连接蓄电池正极接线，后连接负极。防止在连接正极时金属工具碰到搭铁部分产生强大火花，造成蓄电池放电的现象。

(3) 蓄电池极柱上连接导线前，应将螺栓螺母的螺纹涂润滑脂，以防氧化生锈。

(4) 如果蓄电池的极柱小，而夹头大时，可以在夹头内垫上铅皮或铜皮，并且只垫半圈，以防极柱氧化导致接触不良。

(5) 发动机工作状态下不可拆下蓄电池，否则发电机的电压会不稳定，造成汽车的电子控制电路损坏。

(6) 在用电设备工作状态下不可拆下蓄电池，否则容易产生瞬时高压，对控制电路也会造成伤害。

(7) 防止控制单元故障信息的丢失，应先确认控制单元无故障信息后方可拆下蓄电池。

(8) 很多车型拆下蓄电池连接线30s可以清除控制单元储存的故障码。但有的车型一旦拆下蓄电池连接线，音响、时钟和防盗装置的信息同时被消除，因而拆下蓄电池连接线前要仔细查看并记录保存有用信息。

(9) 需要与其他车辆电源连通起动发动机时，需先断开点火开关，方可装拆跨接电缆线。

(10) 在车上进行焊接作业之前，应在关闭点火开关的前提下拆掉蓄电池连接线。

35. 蓄电池的补充充电

（1）充电前按照充电机的额定电压和额定电流将要充电的蓄电池连接起来。

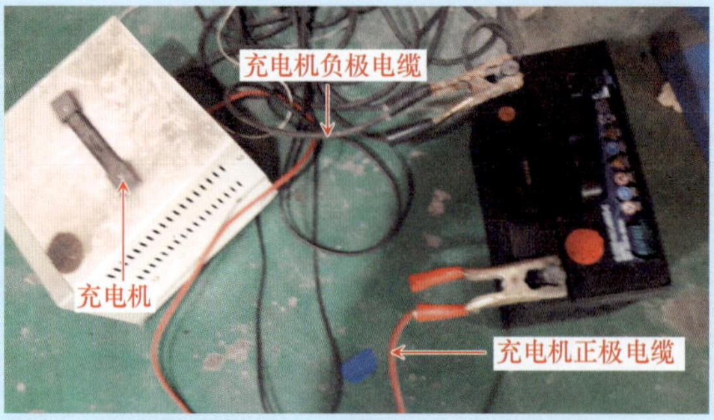

蓄电池与充电器连接

（2）根据蓄电池的容量来选择调整蓄电池的充电电流。充电电流分两个阶段进行调整。阶段一的充电电流是蓄电池额定容量的1/10，阶段二的充电电流是蓄电池额定容量的1/20。蓄电池充完电后，检查电压是否在12.4V以上，且在充电后至少1h内保持不变。如果参数不在规定范围内，应更换蓄电池。

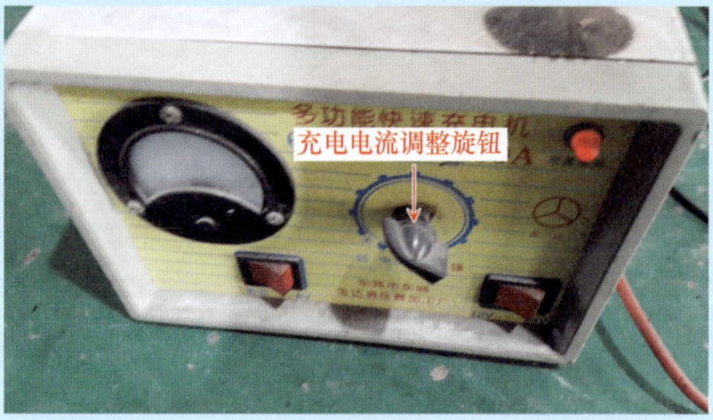

调整充电器进行充电

相关知识

干荷蓄电池的充电方法如下：

（1）在蓄电池内加注适当密度的电解液，静置4~6h，待电解液渗入极板和隔板，温度降到30℃以下方可充电。

（2）将充电机与蓄电池连接，然后调整合适的充电电流，打开充电机电源开关即可开始充电。充电正常分两个阶段，第一阶段充电，选用额定容量1/15~1/20的电流进行持续充电，直至电解液中出现较多气泡，单格电压达到2.4V左右为止。第二阶段充电，将电流减小一半，直至电解液剧烈“沸腾”冒出大量汽泡，并且电解液密度和电压在2h内不再升高为止。

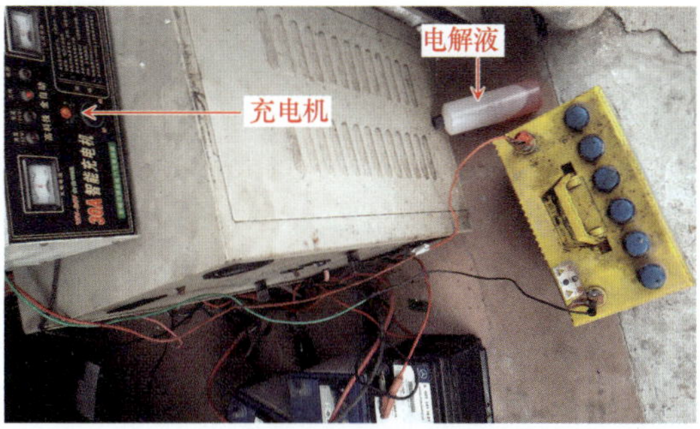

干荷蓄电池充电

干荷蓄电池充电

36. 发电机的保养

（1）将发电机放置平稳，然后拆下发电机后端盖罩。

拆卸发电机后端盖罩

拆卸发电机后端盖罩

（2）拆卸电刷架上的 3 颗固定螺栓，然后取下电刷架。

拆卸电刷架

拆卸电刷架

拆卸 4 颗紧固螺栓

（3）拆卸发电机后端盖与前端盖的 4 颗紧固螺栓。

拆卸4颗紧固螺栓

（4）使用拉拔器将发电机的后半部分与前半部分分离。

分离发电机的后半部分与前半部分

分解发电机

（5）小心地将发电机的后半部分（定子线圈和后端盖、整流器）与前半部分（前端盖、转子、带轮）分离并摆放整齐。

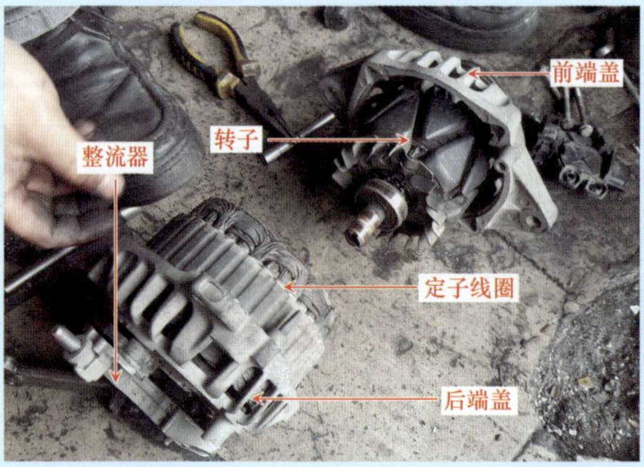

发电机的后半部分与前半部分

（6）一个手转动带轮，另一个手拿细砂纸打磨集电环。

细砂纸打磨集电环

打磨滑环

（7）从发电机前半部分上拆下发电机带轮。

拆卸发电机带轮

（8）分解发电机前半部分，然后将前端盖、转子、带轮摆放整齐。

分解发电机前半部分

分解发电机前半部分

（9）使用数字万用表测量转子集电环之间的电阻，集电环之间电阻应为 1.5～2.5Ω。如果低于此值为集电环短路，若显示“∞”则为集电环断路，均应更换转子。

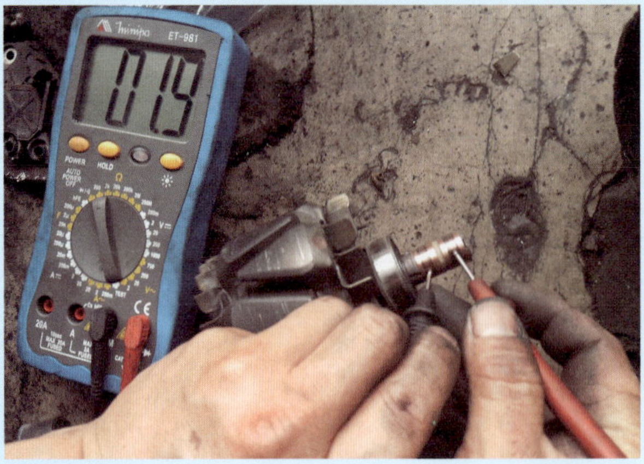

数字万用表测量转子集电环之间的电阻

检测转子

（10）使用数字万用表测量集电环与铁心（或转子轴）之间电阻，应为“∞”。如果结果不符合要求，更换发电机转子。

数字万用表测量集电环与铁心（或转子轴）之间电阻

（11）将数字万用表调到Ω档位，黑表笔接整流器端子“B”，红表笔分别接整流器各接柱，数字万用表均应导通。如果结果不符合要求，可能整流正极管损坏。

整流正极管正向检测

（12）将数字万用表调到 Ω 档位，红表笔接整流器的端子“E”，黑表笔分别接整流器各接柱，万用表均应导通；如果结果不符合要求，可能整流负极管损坏。

整流负极管正向检测

检测整流器

（13）检查前端盖的轴承，如果前端盖的轴承正常，则将转子装入前端盖；如果前端盖的轴承损坏，则应重新更换前端盖的轴承。

将转子装入前端盖

（14）将发电机带轮安装好。

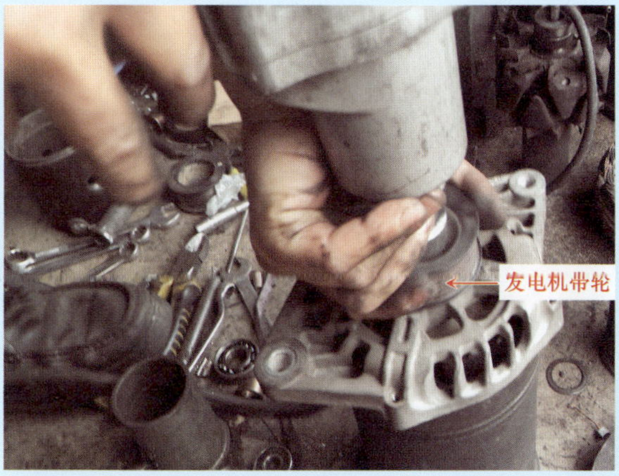

安装发电机带轮

安装发电机带轮

（15）将发电机后半部分与前半部分组合，安装时确保前后两部分的安装位置准确。

将发电机后半部分与前半部分组合

安装发电机后端盖与前端盖的4颗紧固螺栓

（16）将发电机后端盖与前端盖的4颗紧固螺栓拧紧。

安装发电机后端盖与前端盖的3颗紧固螺栓

安装发电机电刷架

（17）安装发电机电刷架，但是安装之前应确保电刷在电刷架中活动自如，且电刷的长度不得少于1/2，如电刷不符合规定，应更换电刷架总成。

安装发电机电刷架

（18）装上转子轴集电环防尘套。

安装转子轴集电环防尘套

（19）安装发电机后端盖罩。

安装发电机后端盖罩

安装发电机
后端盖罩

（20）在发电机空载试验台上对发电机进行发电测试。当发电机的发电量为 13. 5 ~ 14. 5V 即为正常，否则应重新检修发电机。

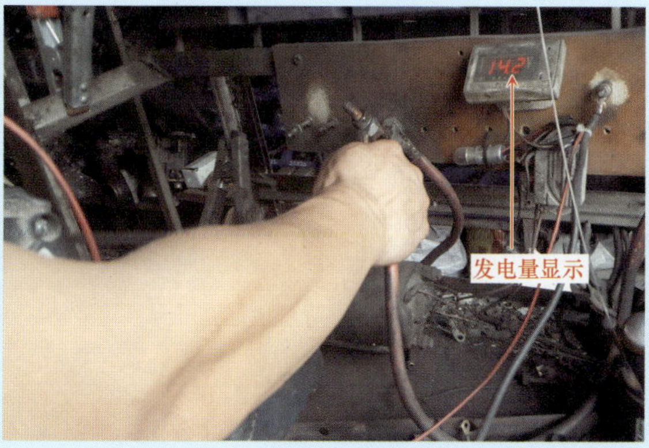

发电机空载测试

发电机空载测试

相关知识

（1）发电机的作用。发电机是汽车的主要电源，其作用是在发动机正常运转时（怠速以上），向所有用电设备（起动机除外）供电，同时向蓄电池充电。

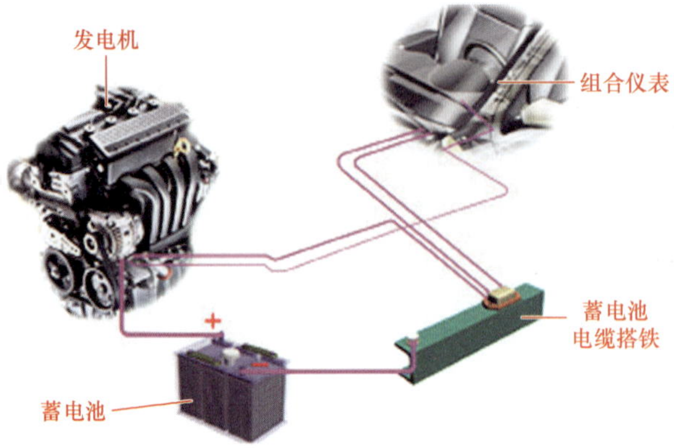

充电系统

（2）发电机故障诊断。

1）通过观察组合仪表充电指示灯来判断，当组合仪表充电指示灯点亮说明充电系统存在故障，应检查蓄电池、发电机以及线路是否存在故障。

2）使用万用表测量发电机的发电量。当发电机发电时一般为13.5～14.5V，否则应对发电机进行检修。

3）当发电机运转时，也可以使用一把长一字螺钉旋具放到发电机传动带轮附近，如果感觉到有明显的磁力，说明发电机工作正常，否则应对发电机进行检修。（注意：此操作必须注意安全，千万不能碰到发电机传动带，否则将会造成人身伤害）

4）发电机异响主要表现为轴承损坏出现异常，可使用听诊仪进行故障检查。如果发现轴承损坏应及时更换，否则严重时将造成发电机烧毁。

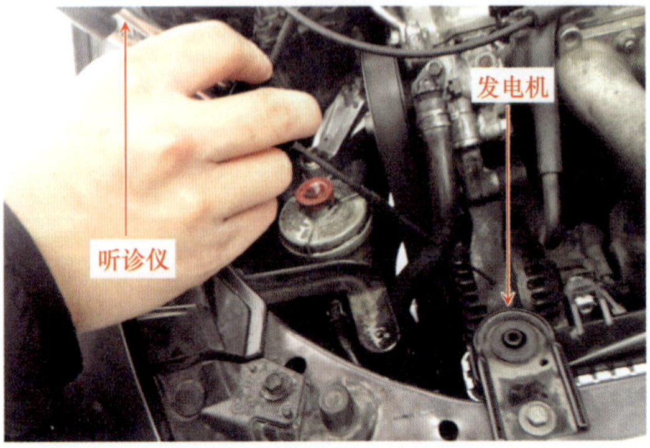

听诊仪检查发电机异响

37. 起动机的保养

（1）首先将起动机竖立放置，然后拧出起动机后轴承盖的 2 个螺钉。

拧出后轴承盖的2个螺钉

（2）从电磁开关处拆出与直流电动机的引线。

拆出电磁开关处与直流电动机的引线

（3）使用棘轮扳手拧出 2 个贯穿螺栓。

拧出2个贯穿螺栓

拆卸起动机
后轴承盖

拆卸直流
电动机总成

（4）从驱动机构上拆下直流电动机总成。

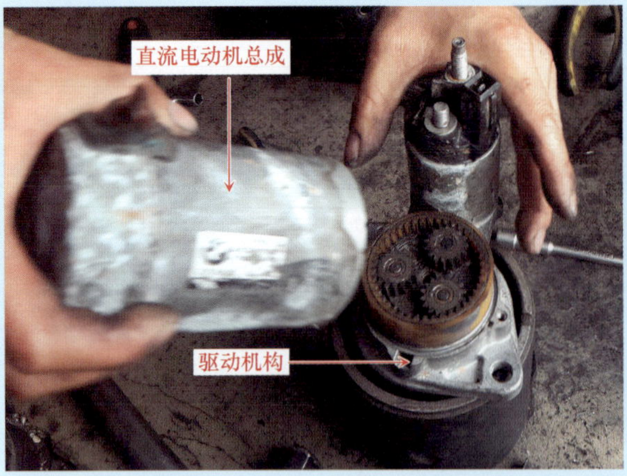

拆下直流电动机总成

（5）从直流电动机总成上拆卸后轴承盖，然后取出电枢轴，并将拆开的零部件按顺序摆放好。

拆解直流电动机总成

（6）从驱动机构上取下 3 个小齿轮，然后将电磁开关固定在驱动机构外壳上的 2 个螺母拆开，将电磁开关和驱动机构取下。

拆卸电磁开关和驱动机构

（7）从驱动机构上拆下拨叉。

拆下拨叉

（8）在驱动机构的齿端涂上润滑脂。

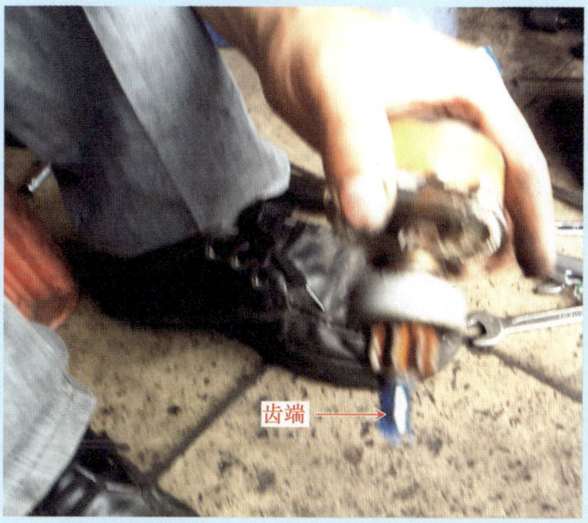

在驱动机构的齿端涂上润滑脂

（9）将驱动机构及拨叉装入驱动机构壳体内。

将驱动机构及拨叉装入驱动机构壳体内

分解起动机

安装驱动机构

（10）装上拨叉密封套。

装上拨叉密封套

（11）在驱动机构内齿圈的小齿轮安装位置涂上润滑脂。

小齿轮安装位置涂上润滑脂

安装小齿轮

（12）在驱动机构内齿圈内安装上小齿轮。

安装上小齿轮

（13）在驱动机构内齿圈和小齿轮上涂抹一层润滑脂。

在内齿圈和小齿轮上涂抹一层润滑脂

在内齿圈和小齿轮上涂抹一层润滑脂

（14）清洁干净锁止板，然后将其安装到直流电动机壳体的一侧，再将直流电动机壳体安装到驱动机构上。

将直流电动机壳体安装到驱动机构上

安装直流电动机壳体

（15）用细砂纸将换向器表面打磨干净。

打磨干净换向器表面

打磨干净换向器表面

（16）使用数字万用表检查换向器与电枢线圈之间电阻，阻值应为无穷大；若阻值为零或有阻值，说明电枢线圈短路，则应更换电枢轴。

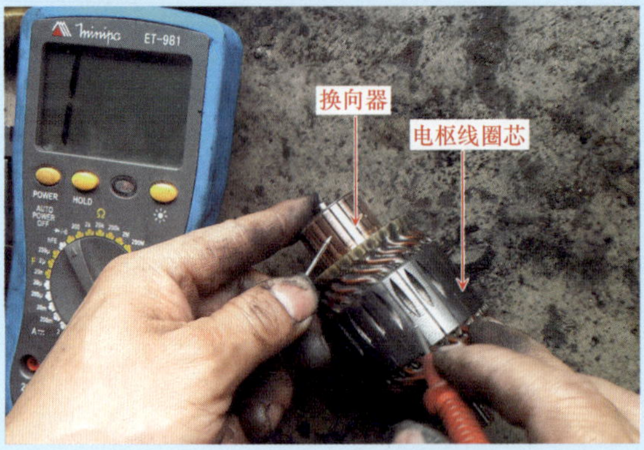

检查电枢轴绝缘性

（17）使用数字万用表两表笔分别依次与相邻换向器接触，其读数应显示为零（导通）；若不导通，说明电枢线圈断路，则更换电枢轴。

检查电枢线圈的导通性

检测电枢轴

（18）用数字万用表测量电磁开关“C”端子与壳体之间的电阻。若有电阻，说明保持线圈和吸拉线圈良好；若电阻为零，则为短路；若电阻无穷大，则为断路。

检查保持线圈和吸拉线圈

（19）用数字万用表测量电磁开关“50”端子与壳体之间的电阻。若有电阻，说明保持线圈良好；若电阻为零，则为短路；若电阻无穷大，则为断路。

检查保持线圈

（20）用数字万用表测量电磁开关“50”端子与“C”端子之间的电阻。若有电阻，说明吸拉线圈良好；若电阻为零，则为短路；若电阻无穷大，则为断路。

检查吸拉线圈

检测电磁开关

（21）将电枢轴装入直流电动机壳体内。

电枢轴装入直流电动机壳体内

（22）检查起动机电刷在电刷架中是否活动自如，且电刷的长度不得少于1/2，如电刷不符合规定，应更换电刷架总成。

检查起动机电刷

安装电刷架总成

（23）安装电刷架总成。

安装电刷架总成

（24）给后轴承盖内的轴承涂上润滑脂。

给轴承涂上润滑脂

（25）装上后轴承盖。

安装后轴承盖

（26）装好 2 个贯穿螺栓，然后使用棘轮扳手拧紧。

装好2个贯穿螺栓

（27）装好后轴承盖的 2 个螺钉。

装好后轴承盖的2个螺钉

安装后轴承盖

（28）将电磁开关固定在驱动机构外壳上。

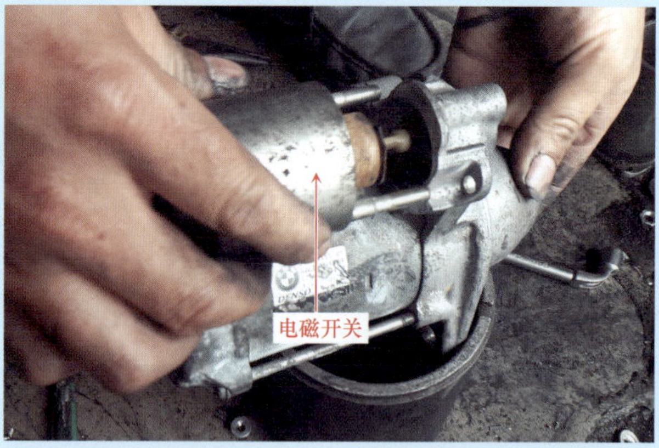

固定电磁开关

（29）用 2 个螺母将电磁开关紧固。

拧紧电磁开关紧固螺母

（30）接好 C 接线柱的引线，然后将固定螺母拧紧即可。

接好C接线柱的引线

安装电磁开关

起动机空载实验

（31）在空载试验台上对起动机进行起动测试。用跨接线将蓄电池正极与端子C相连，负极与起动机壳体相连，此时起动机应高速旋转，否则应重新检修起动机。

起动机空载试验

相关知识

（1）起动机的作用。起动机是起动系统的主要部件，它的作用就是将蓄电池的电能转换为机械能，再通过传动机构将转矩传递给发动机使发动机顺利起动。

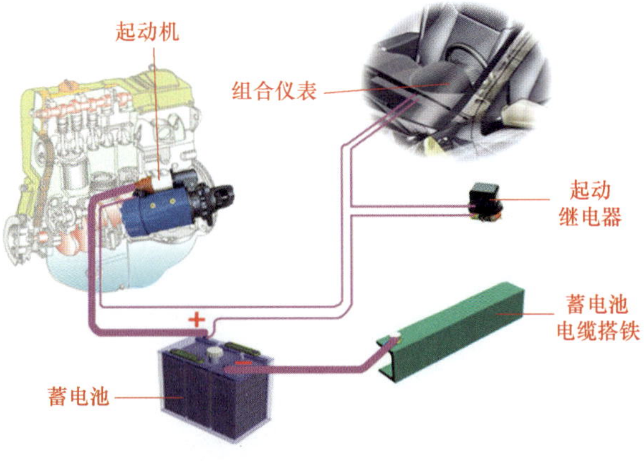

起动系统

（2）起动机的故障诊断。当起动机无法正常起动时，可以采用以下几种方法诊断起动机系统的故障，具体内容如下：

1）连续起动几次起动机，然后用手触摸蓄电池接线柱，若有明显发热现象，说明接线柱接触不良，应重新紧固蓄电池接线柱螺栓。

2）连续起动几次起动机，然后用手触摸起动机（触摸时要避免起动机或发动机烫到手），若起动机明显发热，说明起动机内部短路，应拆解起动机进行修复。

3）如果起动机和蓄电池接线柱均无明显的发热现象，则可能的故障为蓄电池电压不足，应更换蓄电池或重新充电。

（3）起动机维护内容。

1）检查起动机各导线连接是否牢固。分解起动机后，应清除各部件的油污及锈蚀，对花键等也要进行润滑。

润滑花键

2）电刷与换向器的接触要紧密，电刷的磨损要均匀，接触面积要在75%以上，电刷高度应不低于5mm，电刷弹簧的弹力应符合要求。

3）换向器应无烧蚀、无沟槽。如有烧蚀和失圆现象，应用细砂纸打磨使之恢复正常。

4）检查起动机齿轮的磨损、减振弹簧的弹力、单向离合器工作是否正常以及轴承的磨损、润滑情况。

5）检查磁场、电枢线圈有无短路、断路、搭铁以及绝缘电刷的绝缘是否良好。

6）检查铜套与轴的磨损情况，如配合间隙过大则应重新更换铜套。

铜套

38. 汽车音响的检查

打开点火开关至 ON（II），打开音响系统，然后进入音频的操作界面，按照界面的提示对扬声器进行检查，一般为全部→左前→前部中间→右前→右后→右后门→后部中央低音→左后→左后门；如果某个扬声器不响，则应对其进行检修。

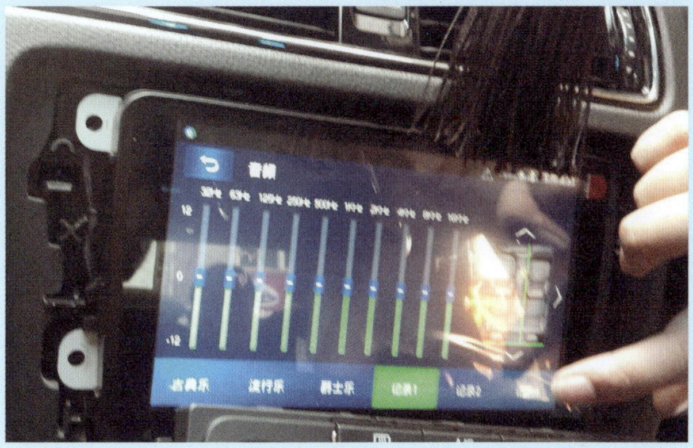

汽车音响的检查

汽车音响的检查

相关知识

拆装汽车 DVD 是汽车音响检修过程中经常遇见的工作，汽车 DVD 的拆装方法如下：

（1）拆除汽车 DVD 旁边的装饰件，然后取出汽车 DVD 主机，小心地拔下线束插接器，拆卸时尽可能地记住插接器的安装位置。

（2）安装汽车 DVD 时，准确地插上线束插接器。

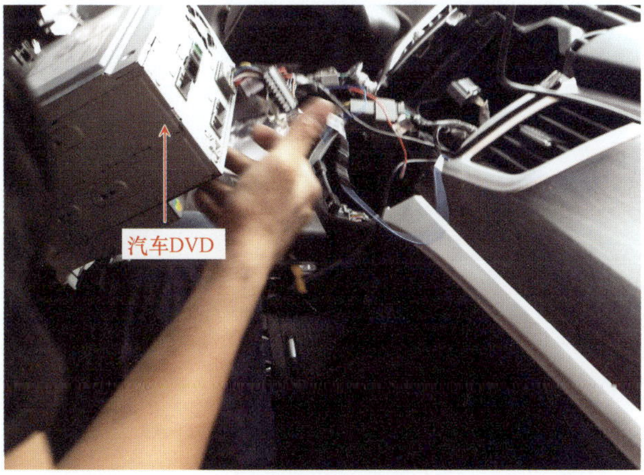

插上线束插接器

（3）将汽车 DVD 安装到仪表台内，然后打开汽车 DVD，测试它的工作性能，如果汽车 DVD 正常，将其他装饰部件安装完成即可。

拆装汽车 DVD

将汽车 DVD 安装到仪表台内

39. 更换刮水器刮片

拆卸刮片

（1）将刮水器刮臂从前风窗玻璃上抬起，拉起固定锁片，将刮水器刮片滑向锁片直至其从刮水器刮臂上松开。

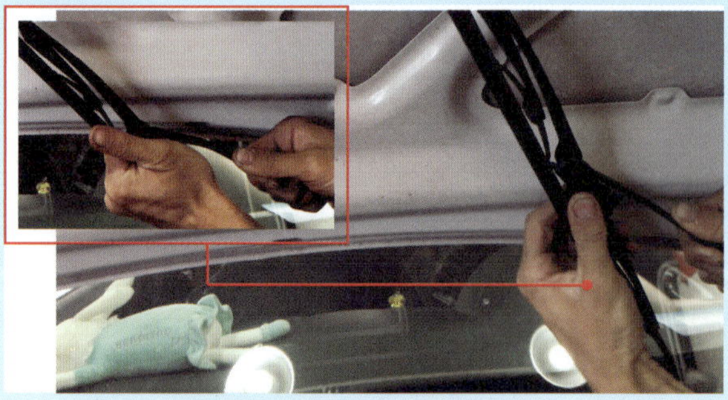

拆卸刮水器刮片

（2）刮片拆下后将刮臂小心地放在前风窗玻璃上，并用一块毛巾将刮臂垫住，避免不小心将前风窗玻璃弄破。

小心放下刮臂

（3）将刮臂从前风窗玻璃上抬起，将新刮片卡在刮臂上，然后锁上锁片。

安装新刮片

（4）将新刮片及刮臂小心地放在前风窗玻璃上，另一边的刮片采用同样的方法进行更换。打开刮水器开关进行测试，如果刮片滑动，则关闭刮水器开关，并重新牢固地安装刮片或更换一对新的刮片。

安装好新的刮片

安装新刮片

参考文献

1. 陈文华. 汽车发动机构造与维修［M］. 北京：人民交通出版社，2001.
2. 曹晓华，等. 汽车运用基础［M］. 北京：高等教育出版社，2004.
3. 吴文琳，等. 汽车电工 1000 个怎么办［M］. 北京：中国电力出版社，2010.
4. 胡光辉. 汽车电器设备构造与检修［M］. 2 版. 北京：机械工业出版社，2010.
5. 于秀涛. 汽车快修保养［M］. 郑州：黄河水利出版社，2011.
6. 班孝东. 汽车快修窍门点点通［M］. 北京：国防工业出版社，2011.